U0524418

股票交易的道与术

成铁智 著

企业管理出版社

图书在版编目（CIP）数据

股票交易的道与术 / 成铁智著 . —北京：企业管理出版社，2024.5
ISBN 978-7-5164-3067-5

Ⅰ . ①股… Ⅱ . ①成… Ⅲ . ①股票交易—基本知识 Ⅳ . ① F830.91

中国国家版本馆 CIP 数据核字（2024）第 089575 号

书　　　名：	股票交易的道与术
作　　　者：	成铁智
责任编辑：	尚　尉
书　　　号：	ISBN 978-7-5164-3067-5
出版发行：	企业管理出版社
地　　　址：	北京市海淀区紫竹院南路17号　　邮编：100048
网　　　址：	http：//www.emph.cn
电　　　话：	总编室（010）68701719　发行部（010）68701816　编辑部（010）68414643
电子信箱：	qiguan1961@163.com
印　　　刷：	北京明恒达印务有限公司
经　　　销：	新华书店
规　　　格：	170毫米×230毫米　16开本　13.75印张　183千字
版　　　次：	2024年7月第1版　2024年7月第1次印刷
定　　　价：	68.00元

版权所有　翻印必究·印装错误　负责调换

自　序

交易是一门技术，更是一门艺术。要经常看图表去琢磨趋势，去总结参悟，多向市场学习。凡操千曲而后晓声，观百剑而后识器，那一定逃不过多练习多琢磨。猜测一下上涨是如何形成的？当下市场是什么形态和趋势线之组合？下跌是什么趋势、形态的规律？有很多规律性的东西存在，那就要多学多总结，多向大咖学习、交流，做到心中有数。历史往往会重演，时机一旦出现，才不至于错失，而且要预防深套其中，不能自拔。只有做到心底有数，见过不慌，心态也才能够理性平稳。

K线的阴阳之象、阴阳互根变化、阴阳组合形态等等在中国几千年前古哲学中已有详细的阐述。老子《道德经》讲：道生一，一生二，二生三，三生万物（其实就是表述事物趋势的可上可下、可长可短，变化多样），即描述出了波浪理论的N字形走势基础形态。道的永恒及其运动法则——独立不改，周流不殆，反者道之动（物极则反）；天下万物生于有，有生于无；曲则全，枉则直；将欲弱之，必固强之的物极必反；势强必弱，盛极而衰等都可以说是自然界运动变化的规律，同时也可以自然界的辩证法来比喻股市现象，以引起股民的警觉注意，宇宙天道中量子纠缠的观点就是揭示事物发展的波浪式前进。又如春秋左丘明的《左传·庄公十年·曹刿论战》记载：一鼓作气，再而衰，三而竭，是对波浪理论ABC三大浪走势最好的概述。

交易技术蕴含着永无止境的科学，也是不完美的艺术。不去深入中西方交易思想参悟取经，则不能提纲挈领，感悟其中精髓。

基本面和技术分析如同人体任督二脉，两者是相通的。如果把基本面比作"移动平均线的慢线"，而将技术面比作"移动平均线的快线"，那么你会很惊奇地发现它们在K线图上有时是同向的，而有时是交叉逆向的。当快线和慢线同向而行，形成市场的共振时，市场的趋势才能走得更长更远。

规律是客观存在的，不以人的意志为转移的，不是谁能创造发明的，如牛顿从苹果掉下来发现万有引力，万有引力本身早就存在着，只不过牛顿是有心人，发现了它而已。股票市场运行规律同样也是自在的，只是看你能不能发现它。只有不断思考观察实践，做个有心人，这样你就容易发现规律。通过本书公开的独到内家交易之术的学习，规律的确定性一旦被您掌握，再经过反复演练，功夫不负有心人，最终您一定会成为稳定盈利的交易达人。

成铁智　癸卯年于上海

目 录

第一章　资本运作的核心

持有股票的秘诀就是顺大势　/　2

资本时代的新三十年　/　3

股灾是贪婪的结果　/　3

投资者应该慎用杠杆　/　5

长期持有股票的原因　/　6

古人就看大趋势　/　7

第二章　投资理念概述——基金经理秘而不宣的投资大法

成功者的交易纪律　/　10

　　交易心理稳定要靠智慧　/　10

　　为什么说投资是纪律决定一切，不是技术决定一切　/　11

　　　　永远不要听消息炒股 / 11

　　　　只有三个办法可以年赚50% / 11

　　　　人的交易是有周期性的 / 12

　　　　高不做多，低不做空 / 12

令行禁止，知行合一 / 14

止损是股市生存的保障 / 18

　　　　破产等于逆势而为、重仓和不止损 / 18

　　　　重要点位止损 / 20

　　　　止损速度要快要坚决 / 20

　　　　止损如斩断被毒蛇咬的手 / 21

　　　　止损不仅为保命更是降低成本 / 21

资金管理技巧 / 22

　　　　投资试水测试 / 22

　　　　资金曲线就是自己的交易心态 / 23

　　　　投资的中庸之道 / 23

第三章　投资运作秘法

计划你的交易，交易你的计划 / 28

分散风险——配置是投资的必要手段 / 37

　　　　综合指数反映市场整体运行情况 / 37

最重要的投资是期权保险策略 / 38

并购投资——上市公司的并购操作 / 39

注重板块轮动的节奏 / 41

市场整体走弱时换股需谨慎 / 42

多元配置决定成败 / 42

投资抗通胀 / 42

黄金T+D必要的资产配置 / 43

做股票的真谛就是做企业 / 44

第四章 判断趋势的要素

东方哲学与阴阳K线物极必反 / 46

趋势必反与规避风险 / 47

趋势转折的判断 / 47

趋势K线图是指阴盛则阳或阳盛则阴 / 49

K线的阴阳最终就是平衡 / 49

长线投资选股中的模糊和平衡思维 / 50

时空对称的原理图示 / 52

趋势转折的突破原理 / 52

道氏理论与1+1理论 / 55

背离总论 / 58

趋势的周期性 / 62

趋势机会的稀缺性 / 62

趋势永远是朋友 / 63

趋势是波段的组合 / 64

偏激趋势线，平滑趋势线，贴身趋势线 / 64

每一次交易都要当成大趋势做 / 65

减停倒三个字判断底部 / 67

天灾对股指的影响 / 67

股票与房地产30年趋势 / 68

突破特征内在逻辑的辩证关系 / 69

操作体系三段论 / 71

一战定乾坤的决定性交易 / 72

用商业贸易逻辑思维去做大宗商品期货 / 73

K线走势由品种内在规律反应 / 74

商品将会是第四类资产配置 / 74

行情最终还得追随现货而去 / 75

对冲风险的实值和虚值期权 / 76

为什么做股票的风险更大 / 76

成交量与持仓量，失控与变盘 / 79

气候预期和实际不符对市场的影响 / 79

证券市场不能解决价格发现 / 80

形态与相 / 81

定海神针的V型底 / 82

突破下降趋势线，不要轻易做空 / 83

七个月的十字星 / 83

股风人气与拐点 / 85

外应在股市中的表现 / 85

关键点入场 / 87

关键点1、2、3、4都是买入点 / 89

关键点需要耐心等待 / 89

关键点与节气（太阳和太阴） / 89

商品（期货）也有规律可循 / 91

四个直接阻力（支撑）位 / 92

第五章 市场走势确定性的综合判断——资金流向

确定性等级指标的划分 / 96

资金流的综合判断要素 / 96

资金流量指标MFI / 100

主力进出指标 / 100

成交量指标 / 101

买卖力道指标 / 101

盘面资金的大小分别（上证指数） / 102

流量就是成交量和持仓量之和 / 103

资金流的综合判断图示 / 103

决定市场的其他因素 / 105

第六章 市场交易实战战法

基本面剖析战法 / 110

打靶交易法 / 111

鹤立独行战法 / 112

审时度势战法 / 113

波浪尺战法 / 114

乌纱帽战法 / 115

回踩不破战法 / 115

锦上添花战法 / 116

黄金线组合战法 / 117

三线战法 / 118

天地人三才战法 / 120

时空能量平衡战法 / 120

东方波浪战法 / 122

第七章 独家交易口诀问答总汇

一、市场理解与趋势分析 / 136

市场中主力和趋势要信谁 / 136

市场价格变化最明显的特征是什么 / 136

波浪理论中有个重要原则是什么 / 137

如何应对信息对市场的影响 / 137

股市是什么地方 / 137

市场走势不利，放弃原先的想象 / 137

顺势与逆势的比喻 / 138

主力操作周期最少多久 / 138

主力上亿资金也就做一只股，散户如何 / 138

为什么我选择的股涨得那么慢或不涨 / 138

走势绝对重要性能反映什么 / 138

投资股票是资金在单位时间内的回报 / 139

每日盯盘，到底该看什么 / 139

股市的魅力在哪里 / 139

市场只有一个方向指的是什么 / 139

能对市场进行正确判断同时又能坚持自己意见的人并不一般，这个本领带来什么 / 139

趋势鉴别的大法是什么 / 139

如何简单判断基本的长期趋势 / 140

逆行市场通常的特点是什么 / 140

趋势有3个基本原理 / 140

哪本书对道氏理论描述堪称技术分析的巅峰之作 / 140

市场的语言是什么 / 140

一把直尺打天下指的是什么 / 141

图像没有错，有毛病的是图像分析家 / 141

什么是牛市 / 141

什么是熊市 / 142

什么叫次级趋势 / 142

什么叫基本趋势 / 142

什么叫小小型趋势 / 142

道氏理论来源于什么启发 / 142

描述一下牛市末端市场状况 / 143

描述一下熊市末端市场状况 / 143

八类图像模式是什么 / 143

价格跟踪的关键点是什么 / 143

市场需要基本功,如练拳站桩 / 144

巩固形态指的是什么 / 144

投机客应是"行者""忍者",还是"学者""智者" / 144

投机是行动实践而非理论 / 144

对价格规律的理解 / 145

是什么让你坚持下去 / 145

"涨"的不同 / 145

顺势本质是什么 / 145

你现在最推崇什么交易理念 / 146

市场最不缺的是什么 / 146

牛熊为什么不可能永远持续 / 146

职业投资者,平均几年就会碰到一次"黑天鹅"事件 / 146

商品市场一个品种,单边与震荡市所占的时间比例为多少 / 146

对价格的两个基本观点 / 146

"市场常常是错误的"这句话是谁说的 / 147

期市与个人命运 / 147

何为顺势 / 147

市场的点位 / 147

"罗马不是一天建成的"在市场上指什么 / 147

市场过去如此，将来亦如此是指什么 / 148

市场与交易者的比较 / 148

二、交易策略与技巧 / 148

追市技巧是什么 / 148

市场交易根本的原则是什么 / 149

周K线有两根中阳线往往说明什么 / 149

坚决反对哪几种交易 / 149

风险对比 / 149

期货交易赚大钱需三个什么条件 / 150

克罗认为操作成功哪三个特质不可缺 / 150

务求简单是指什么 / 150

"谣言出现时买进，消息出现时卖出"是指什么 / 150

做长线者百宝箱里有什么 / 151

江恩线发明家说 / 151

上涨了20%的股票，何时是加码点 / 151

上涨20%的股票，又一加码关键点是哪里 / 152

民间选股，十二字真言 / 152

只有一招买在杯柄是什么意思 / 152

炒股中明心见性的一句话 / 152

用三张卡片的重要性 / 153

止损和不要想着去抓头部与尾部的重要性 / 153

对一趋势长期投机者，不应当试图赚取小额逆行趋势利润 / 153

股票交易商对更易变动的股票要松一些止损限度 / 153

如何做才能不将可观利润变成损失 / 153

有利的头寸应持有多久 / 154

移动平均线是一种最广泛应用的趋势跟踪工具 / 154

真正长线投资者所关心的事是什么 / 154

中长线入眼，小短线思维入手是什么 / 154

日内和隔夜哪个带来更多利润 / 154

交易是一个完整的系统吗 / 154

什么是"阳线止损" / 155

震荡中如何操作 / 155

什么叫"硬性止损"和"高级止损" / 155

如何解决投资者遇到的普遍难题 / 155

不看K线，只看报价是一门绝活，为什么 / 155

技术面与基本面相背离时如何操作 / 156

不要轻易放弃仓位 / 156

任何一个期货品种最终交割有何特点 / 156

为什么"平仓"是期货的难点和魅力所在 / 156

行情中的操作策略是什么 / 156

真正参与进去要等一个什么信号 / 157

股指期货的一种平仓方法 / 157

期货市场上的价值投资运作方法是什么 / 157

任何一个价格点位，有什么说法 / 157

必须抓住的主要矛盾是指什么 / 158

另一种交易原则是什么 / 158

期货涨多少就可平仓一部分 / 158

重仓交易必须坚守什么 / 158

总资金回撤达到多少强制止损 / 158

亏损加仓要慎重，如何加仓 / 158

积累回撤达总资金多少则离场观望 / 159

任何投资设下几道风险线 / 159

止损其实有很多种方式，什么是最高级的控制风险 / 159

做单的方向不能轻易改变 / 159

股市中无止境，在实战时候以什么为主 / 159

投资的要点是什么 / 160

为什么要在关键点及时入市 / 160

伟大交易员的法则是什么 / 160

价格与预期不一样时，是再等等看吗 / 161

给出一种入场点 / 161

50ETF期权学习六条宝贵经验 / 161

三、心理、路径与决策 / 162

投机者在市场中的最终结局取决于什么 / 162

毁灭投机者最快的捷径是什么 / 162

谈谈决策方式 / 162

交易高手较量的是什么 / 163

投机要适可而止 / 163

如何做个真正理智的交易者 / 163

19世纪知名棉花操作者华特兹，仓位规模叫他夜不安枕，怎么办 / 163

好的炒股本领为何可改变命运 / 164

一句话概括墨菲定律 / 164

如何避免墨菲定律交易的负面影响 / 164

持续赚大钱交易商特点是什么 / 164

众多投机者技术不差上下，如何分别赢家 / 164

为什么有人进行模拟交易总比实际交易好很多 / 165

如何避开小道消息 / 165

海特说有关交易是"禅宗似"的行业，为什么 / 165

炒股四字境界是什么 / 165

"期货市场总有一个错误伴随着你，每个人都一样" / 165

自信心膨胀预示失败 / 166

这时候先出来（结束交易）再说 / 166

选择500万元资金1年翻5倍，还是5亿元资金1年赚5% / 166

进入期货市场的第一天就应有的心境 / 166

"要握住赢利单"是指 / 166

在风险特别大的环境中生存，要做到什么 / 167

最痛苦的总结是什么 / 167

最大的挫折是什么 / 167

爆仓经历带来的四个总结 / 167

如何做到不再急功近利 / 167

期品似什么 / 168

投资就一句话 / 168

什么是做期货的根 / 168

期货是浓缩的什么 / 168

好多高手有这样的经历 / 169

"冲动性交易"弊端是什么 / 169

期货是个没有自豪感的行业 / 169

优秀操盘手基本标准 / 169

成功比较重要的一点是什么 / 169

赚大钱的人的个性特点是什么 / 169

试举一个稳亏性的方法 / 170

期货也符合以奇胜，以正合 / 170

财是什么决定的 / 170

投资的精髓在于什么 / 170

投资如船，怎么讲 / 170

普通交易者投资失败的八大因素是什么 / 170

为什么止损是非常正常的 / 171

平时该如何操作 / 171

索罗斯投资启示36条完整版 / 171

频繁交易导致交易质量下降 / 173

不要和交易品种谈恋爱 / 173

什么是1∶2∶7原则 / 173

为什么做得越短亏得越多 / 174

人生14条箴言 / 174

穷人会一直穷下去，富人会一直富下去，区别是什么 / 175

投资就是以什么来换取财富 / 175

将利润留给多少自己 / 175

价值投资的箴言 / 175

如何做到三家　/　176

亏损的四大原因　/　176

世界船王奥纳西斯如何看风险　/　176

全世界最经典的十种思维是什么　/　176

交易者的座右铭是什么　/　177

成功根本没有秘诀，如果有是什么　/　177

如何模仿鳄鱼的生存去投资　/　177

投机交易是一种赌博还是生意　/　177

永远别做任何交易，除非什么　/　178

举例说说简单的心理边际效应　/　178

应遵循那三个丢弃原则　/　178

人的一生最重要的两件事情是什么　/　178

为什么说感觉良好时，就要小心了　/　179

哪句话，对很多交易员是绝望的打击　/　179

四、金融知识与工具　/　179

降息对期货以及股市的影响　/　179

股评家的评论能听信吗　/　180

中国股市是赌场吗　/　180

钞票的流年发展史　/　180

做空为什么常常收益速度快　/　180

有关保证金的策略　/　180

对技术指标是"多即是好"还是什么　/　181

期货重要性是什么　/　181

基本面为什么比价格变化意义小　/　181

平时关注的品种不要太多 / 182

世界最早的期货交易所成立在哪一年 / 182

仓守不住的原因是什么 / 182

在期货这条路上，一般多少年就结束 / 182

期货品种性格（哪些期货品种适合自己） / 183

期货与期权的量比为多少 / 183

金融期权分几类 / 184

商品期权又分几类 / 184

期权和权证从交易的角度区别是什么 / 184

哪三类投资者构成期货市场 / 184

哪几类投资者组成期权市场 / 184

缺口（GAP）有哪几种 / 185

期货不适合哪些人干 / 186

PMI全称是什么 / 186

什么是波罗的海指数 / 186

我国期货业的趋势终究是什么 / 186

持仓量代表什么 / 186

存量资金代表什么 / 187

资金流入代表什么 / 187

工业品处于漫长熊市的一个有力依据是什么 / 187

期权推出会对期货市场产生怎样的影响 / 187

对未来趋势的判定 / 188

如何介入股指期货 / 188

股指期货最应关心的主要矛盾是什么 / 188

给理财者投钱多少为宜 / 188

收盘价与开盘价有何不一样 / 188

期货市场最大的魅力是 / 189

价值投资的鼻祖是谁 / 189

价值投资本质而言是什么投资 / 189

价值投资为什么本质是趋势投资 / 189

对冲的基本含义是什么 / 190

乔纳森·霍尼格谈高效交易的7个习惯 / 190

一句话阐述基本面与技术面 / 190

什么是聪明的投资者 / 190

斐波那契数列又称什么 / 190

人民币汇率的年干支变化 / 191

人们把通胀看作是价格的上涨对吗 / 191

期货交易精彩的两点是什么 / 191

期指魔咒是什么 / 192

在重要财务报表公布之前如何对待股票 / 192

交易工作室是如何布局的 / 193

后记 / 194

第一章

资本运作的核心

持有股票的秘诀就是顺大势

宋代·陈亮在《上孝宗皇帝第三书》中写道:"天下大势之所趋,非人力之所能移也。"行情大方向从来就不是一二天能改变,利弗莫尔说:"只要条件具备,股市该是牛市就是牛市,该是熊市就是熊市,谁也无法阻挡,因此,每个想赚钱的人必须估价条件是否具备。""股市不可能达到其光辉耀眼的顶点,也不会突然以其相反的形式告终。"利弗莫尔是这样挖苦那些对市场变化过于敏感的短线炒手的:"市场稍一反弹,大多数人就开始认为牛市来了。""在熊市中,股市经过一场大幅的反弹以后,简直是求人卖了它。可天哪,人们又开始谈论牛市了。""一般来讲,人们并不想知道市场是牛市还是熊市,他只希望确切地知道到底该买入什么,抛出什么。""我将主要精力放在了判断到底投资的是什么股市上面。""我从具体事件考虑到基本原则,从价格波动考虑到基本条件。"

宏观上的数据逆转一般还不能看一个季度,最少需要两个季度观察,三个季度确认还可能有反复。强势板块、领导群体都不是一周就形成,投资比的不单是专业知识,更是耐心和耐力,如果经历过真正的熊市,研究过大底部的构筑、领导股的启动条件,那就没什么坐不住、耐不住、守不住的道理。只要在正确的时间选择到正确的股票,持有耐心抱牢，你早晚会买到一只大赚特赚的牛股，如果不敢抱牢盈利的仓位和股票，赚3%就跑了，其实和输家没啥两样。

资本时代的新三十年

西方国家200年来，股市涨了100多万倍，它跑赢了理财产品、债券、黄金及房地产。股市不加杠杆，风险可控，门槛低。在美国是这样子，在中国也应该是，前三十年的商品时代，新三十年资本时代，如果能研究股市，就要经常思考，调心态，老人还可防痴呆。

"只要股灾中，在你内心的谴责对象除了你自己外，还有任何第二个人，我保证，这次与你擦肩而过的危机，很快会再向你回眸……"。

对于富有经验的投资者来说，一场风暴的识别也许并不难。如"汇金在减持、监管层频繁提示风险、公私募基金发行异常火爆，火爆程度达到历史最高峰时期、创业板的估值超出了泡沫的极限"等一系列的信号后，应果断减仓。

下跌趋势一旦形成，有强大的惯性，投资者只有对系统性风险的杀伤力有足够的认识，不轻易抄底，才能保证投资的安全。由于国家救市等因素大盘暂获企稳，部分已经逃顶资金再度杀入市场，但没想到大盘二次探底，指数再度急跌，这部分抄底资金受伤严重。好多所谓的高手就是死在抄底上。

股灾是贪婪的结果

因为私募产品基本有平仓线的约定，如果净值低于0.7的水位线，私募产品可能会被迫清盘。统计数据显示，2015年7月份清盘的私募产品多达 200 只，7 月 22 日清盘的某某 1 期成立于当年 6 月 29 日，存活期没有超过 1 个月。

巴菲特在市场泡沫高估的时候，曾经解散基金。巴菲特说过一个择时的名言，就是别人恐惧的时候我贪婪，别人贪婪时我恐惧。其实这是市场的两个极端，别人恐惧的时候就是估值最便宜的时候，就是播种的时候，贪婪就是收获的时候。这其实是对择时的一个阐释。

2015 年的夏天，A 股投资者第一次见识到了杠杆的巨大杀伤力。由于产业资本减持和清理场外配资等信息，引发了市场信心的转变，而 A 股当时存在巨量的杠杆资金，除了场内 2 万亿元的两融资金外，还存在数量庞大且杠杆比例高达 3 倍以上的场外融资。

由于杠杆资金有平仓线的强制要求，一旦保证金比例跌至平仓线以下，便会遭到强制清仓，强制平仓与股价下跌负向循环，暴跌期间屡屡上演的"千股跌停"是当时惨烈的写照，从 6 月 10 日开始到 7 月 8 日短短 17 个交易日中大幅下跌 32%，1167 只个股在此期间跌幅超过 50%。

而在这场雪崩式的下跌中，投资者领略了杠杆的巨大杀伤力。深圳某旗舰券商营业部一位资深顾问在讲起这场暴跌对加杠杆投资者的伤害时仍心有余悸，有十多位客户的资产保持在千万级别以上，就连 2008 年的大熊市也没被灭，但就因为这些大户普遍加杠杆，经历了 6 月份的暴跌带来的平仓后，客户当中仅剩一位资产在千万级别以上，其余都被消灭了，最惨的一位是本来股票市值在亿元以上，平仓出来仅剩 20 多万元。

投资者应该慎用杠杆

普通投资者应该远离杠杆，专业投资者应该慎用杠杆。杠杆最大的问题是容错率太低。做投资是一个永远不可能杜绝错误的游戏，比如巴菲特、索罗斯都是存在一定错误的，如果能做到60%到70%的准确率就已经很伟大了。

不管多大的数字一旦乘以0都会化为乌有。历史表明，无论操作者多么聪明，金融杠杆都很可能带来"0"。巴菲特在致股东信中对杠杆的阐述值得投资者认真思考。

如果止损10次10次都错了，每次刚剁完市场就大幅反弹了，第11次，还是会剁！因为不剁可能会要命。留得青山在，不怕没柴烧，无论是对客户的资产来说还是对职业生涯来说，都不允许赌运气。正如一位资深市场人士坦言，独立风控体系缺失是投资失败最大的因素。在单位净值跌破0.95、0.90等关键心理位时会选择主动降低仓位到50%以下，不同于其他同行在净值没超过1.0时不超过五成仓，允许高仓位运作，但净值跌破关键点位时必须有降低仓位到五成的动作，但可以在降低了仓位之后再迅速加起来。"存活下来，一切好谈，永远不要孤注一掷。"这是对冲大鳄索罗斯的原则之一。金融市场是个用钱买经验，用经验换钱的好地方。比如市场5000点跌到4500点，专业投资人会降低自己的头寸和仓位，但普通投资者会想，如果能弹到4800点就好了，4800点我再卖。这叫作心存侥幸。系统性风险到来时，最应该做的也是回避风险。要做好风控，就必须容忍部分利润的回撤，第一选择是保存果实或者少亏损，而不是扭亏或者赚钱，一味地把头埋在沙子里做鸵鸟,盲目抄底。

最容易赚钱还是对个股有深入研究和理解的时候,即基本面决定未来,深入理解的个股不见得是市场里涨幅最大的股票,但是可以重仓和长线持有的股票,而重仓和长持是获大利的重要条件。

长期持有股票的原因

导致股价长期上涨,让股东长期自然锁仓的理由在股市只有两个:股东回报率分红不断诱人惜售和股价很少大幅度回撤。整个股票的其他故事最终都是围绕着这两个终结目标来表现,如果一个好的企业不断赚钱,那就等于在增加所有股东的权益。

为什么这家企业有这样好的生意?原来是企业有独家技术和垄断市场。所以纵观全局,投资股票我始终看为什么股票上涨,而且要明确长期上涨的原始理由。

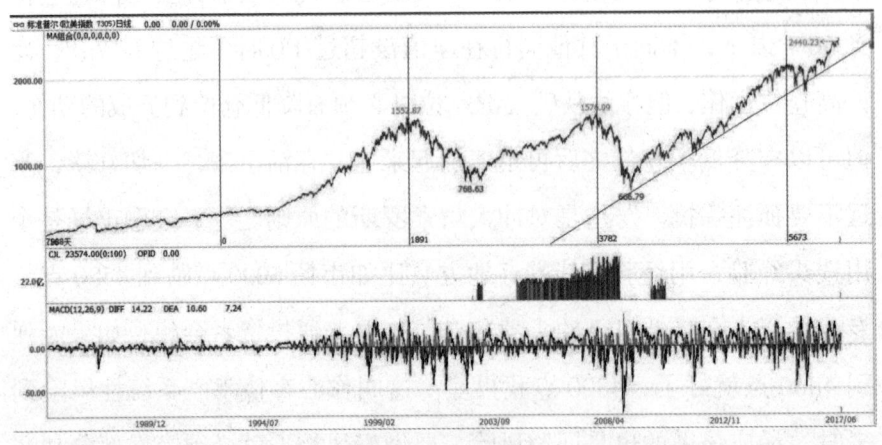

上图为标普指数 1985 年以来的走势图,将近两千多天见到一次高点,跟着调整,每次在底部都有量堆形成,可见,论持久战,长期持有,

意义深远。

古人就看大趋势

两千多年前的司马迁（约前145—约前86年）曾经提出了"无财作力，少有斗智，既饶争时"（《史记·货殖列传》）的三段论。

其要义是：没有资本的人要努力去劳动，靠苦干实干积累资本；稍有资本之后，要凭智巧经营；资本富足之后，应当在争夺获利的时机上下功夫。司马迁"作力""斗智""争时"的三段论资本经营原则与"创造条件让更多群众拥有财产性收入"精神是相通的，对市场经济条件下盘活资本有重要启示作用。要实现创业与创新的跨越发展，必须在资本经营方式上实现创新。

第二章
投资理念概述——基金经理秘而不宣的投资大法

成功者的交易纪律

交易心理稳定要靠智慧

不同的人有不同心理，不同心理有不同态度，对市场有不同的交易方法，那就会产生不同的结果。总之，把杠杆放下来，敬畏市场。这样才能防止大起大落，就是有把握甚至到 90%，也要把杠杆降下来，好多基金经理想挣快钱，想一夜暴富，用足杠杆，结果往往适得其反。这是由于你永远想不到市场随时会有什么发生。不要太黑心，把期货当股票来做。股票是 1∶1 的杠杆，期货 1∶10 的杠杆，可以降一半杠杆，有盈利就不断拿出，保住收获。

比如，脱欧的那天，国外有朋友做英镑期权的空单，结果大赚。有的认为脱欧不成立，于是做多英镑，结果大亏。做交易，得有平衡心态。好比钓鱼，上钩了，但还没有进入你的网兜，鱼还属于大海，不属于你，这就如在市场上获利了，但没平仓之前，你还没拿到手，这时要平静沉着心态。一笔交易在恰当的时间止损也是成功的交易，一笔交易在恰当的时间止盈也是成功的交易，并不单指靠赚多少钱来衡量交易的成功。

为什么说投资是纪律决定一切，不是技术决定一切

投资的第一条真理是不要亏损，第二条是永远记住第一条，投资的目的是赚钱，但是赚钱的基础是不亏钱。基础不牢，一切的利润不过是水中花，镜中月，空中楼阁而已。

亏损的理由千千万，罗列出来没必要，根本原因只有一条，只是因为没有按照纪律去操作。只要真正永远把风险意识放在第一位，把不亏或者尽可能少亏的基础打牢了，保住本金，保住命。命都没有了，再好的技术也没用，只有这样才能在清晰的趋势中赚到钱。

永远不要听消息炒股

2015年6月，一大批融资融券的客户被强行平仓，对于这一次的强平，大家总结得到最大的教训是三个。第一，作为投资的依据，不能轻易信任谁，不要听消息，若因轻信人而出了问题，光是互相撕扯，就会耗费很多的精力；市场反映一切，看市场从来不听消息，庄家在底部拿筹码时绝对不会有消息放出了的，拉到很高的位置，他再去放消息。第二，加杠杆一定不要在全民狂热之中，大家都加杠杆的时候往往是风险几何级增长的时刻。第三，如果有计划，还是抽出一部分资金做备用。

只有三个办法可以年赚50%

投资大师格林布拉特强调：只有三个办法可以年赚50%。第一，保持小规模。不断出金还给外部资金。第二，集中投资。十年来主要投资6到8只股票。第三，要有一点好运气。要与时俱进，心态调整很重要。

人的交易是有周期性的

大赚后必大歇！人往往失败在贪心。因为人的状态是有周期的，商品是有周期的，农产品是有周期的，交易也是有周期的。当狂涨时就会有急跌，人有生物钟，人的精力有高潮和低潮，有财运气数，什么时候该收手，什么时候该出击，这是一门大学问，是哲学的范畴。要了解自己，在市场上，当你骄傲时，教训就来了，只有谦虚，只有行善，广积福德才行，巴菲特裸捐就是这个道理。

高不做多，低不做空

在绝对高点不能再做多，在绝对低点不能再做空，否则，一旦行情发动，三天就会把你三年的利润吞噬。在高点做多、在低点做空就是赚钱也不要羡慕。商品是有价值的，商品价格跌破成本线就算低了，就要警惕了，绝对低点就要来到。

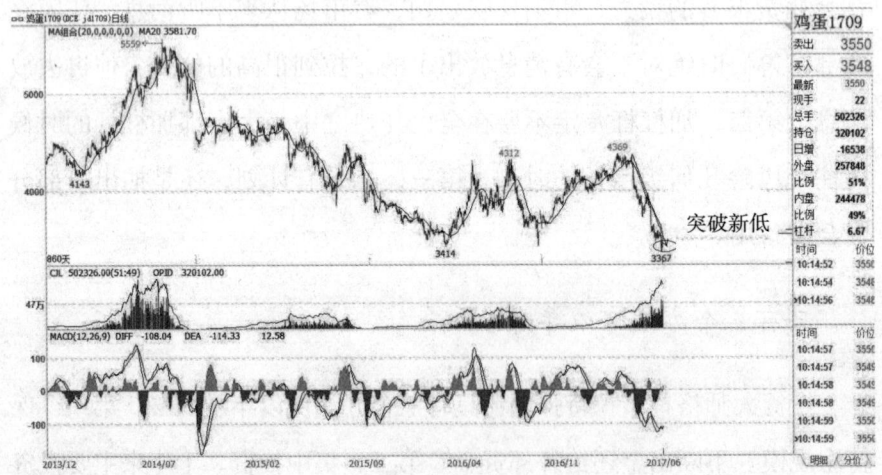

第二章 投资理念概述——基金经理秘而不宣的投资大法 13

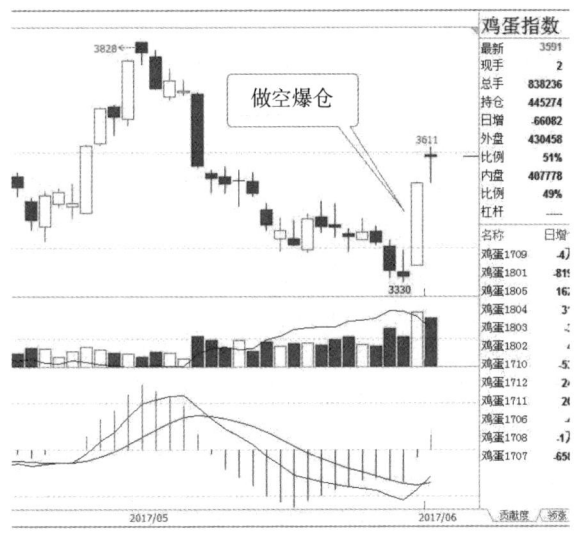

如图，鸡蛋指数在 2017 年 5 月 31 日低点 3330 点，连续两天总成交量为 65.5 万手、51.9 万手，结果 6 月 1、2 日，成交量为 94.6 手、83.8 手，逼空行情，多少空头都爆仓了。2017 年 6 月，超市的鸡蛋两块多，比一瓶水还便宜。有传农户都开始杀鸡了，不养了，这是 2017 年 5 月 31 日，市场有空头来劲了，行情突破前期低点，又创新低。有大户做空，结果第二天 6 月 1 日就铩羽而归。

低不做空，是有条件的，不是说突破前期低点了就不做空了，而要审时度势，市场已经到了跌无可跌的地步了，这时，做空风险极大。当然，如果做炒单或超短线的可以火中取栗，那是你技术高，但作为优秀的基金经理不要养成这个习惯，这是疯狂的行为，这种思维模式很危险，这时宁愿观望，不要为蝇头小利去冒险。

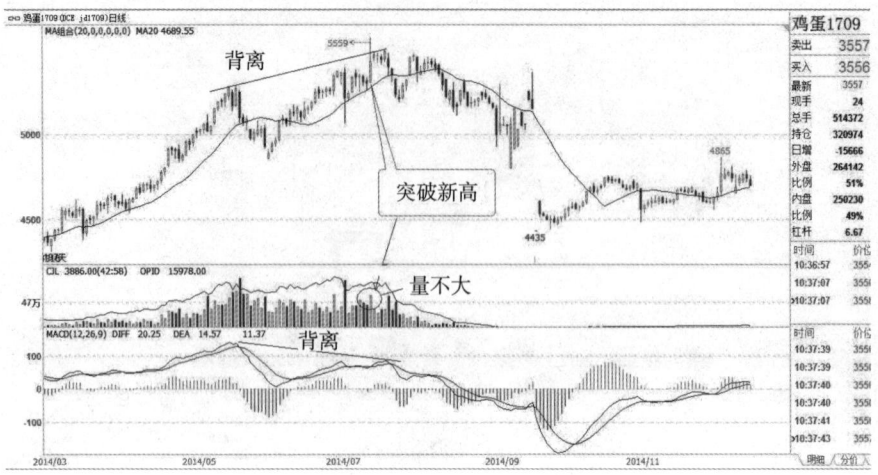

2014年7月11日，行情又一次突破前期高点，但量不大，有背离，多空对抗激烈，大阴柱、大阳柱交错出现，市场汹涌澎湃，这时以观望为主。

高不做多，不是说突破前期高点，不可以做多，而是看量放得大不大，代表多空交战的波动幅度是不是剧烈。指标有没有背离，市场有何其他信息，这些综合来判断是否能做多。

令行禁止，知行合一

（1）优秀的投机家们总是在等待，总是有耐心，等待着市场证实他们的判断。要记住，在市场本身的表现证实你的看法之前，不要完全相信你的判断，靠技术赚钱不可能，要靠耐心。

（2）要想在投机中赚到钱，就得买卖一开始就表现出利润的商品或者股票。那些买进或卖出后就出现浮亏的东西说明你正在犯错，一般情况下，如果三天之内依然没有改善，立马抛掉它。

（3）绝不要平摊亏损，一定要牢牢记住这个原则。

（4）在价格进入到一个明显的趋势之后，它将一直沿着贯穿其整个趋势的特定路线而自动运行。

（5）当我看见一个危险信号的时候，我不跟它争执，我躲开！几天以后，如果一切看起来还不错，我就再回来。这样，我会省去很多麻烦，也会省很多钱。

（6）记住这一点：在你什么都不做的时候，那些觉得自己每天都必须买进卖出的投机者们正在为你的下一次投机打基础，你会从他们的错误中找到赢利的机会。

（7）只要认识到趋势在什么地方出现，顺着潮流驾驭你的投机之舟，就能从中得到好处。不要跟市场争论，最重要的是，不要跟市场争个高低。

（8）不管是在什么时候，我都有耐心等待市场到达我称为"关键点"的那个位置，只有到了这个时候，我才开始进场交易。在我的操作中，只要我是这样的，总能赚到钱。因为我是在一个趋势刚开始的心理时刻开始交易的，我不用担心亏钱，原因很简单，我恰好是在我个人的原则告诉我立刻采取行动的时候果断进场开始跟进的，因此，我要做的就是，坐着不动，静观市场按照它的行情发展。我知道，如果我这样做了，市场本身的表现会在恰当的时机给我发出让我获利平仓的信号。

（9）我的经验是，如果我不是在接近某个趋势的开始点才进场交易，我就绝不会从这个趋势中获取多少利润。

（10）"罗马不是一天建成的"，真正重大的趋势不会在一天或一个星期就结束，它走完自身的逻辑过程需要时间。重要的是，市场运动的一个很大部分是发生在整个运动过程的最后 48 小时之内，这段时间是进入市场或退出市场最重要的时机。

（11）利用关键点位预测市场运动的时候，要记住，如果价格在超过或是跌破某个关键点位后，价格的运动不像它应该表现的那样，这就是一个必须密切关注的危险信号。

（12）我相信很多操作者都有过相似的经历，从市场本身来看，似乎一切都充满了希望，然而就是此时此刻，微妙的内心世界已经闪起危险的信号，只有通过对市场长期研究和在市场上长期的摸爬滚打，才能慢慢培养出这种特殊的敏感。

（13）在进入交易之前，最重要的是最小阻力线是否和你的方向一致。

（14）当一个投机者能确定价格的关键点，并能解释它在那个点位上的表现时，他从一开始就胜券在握了。

（15）在心理上预测行情就行了，但一定不要轻举妄动，要等待，直到你从市场上得到证实你的判断是正确的信号，到了那个时候，而且只有到了那个时候，你才能用你的钱去进行交易。

（16）在长线交易中，除了知识以外，耐心比任何其他因素更为重要。实际上，耐心和知识是相辅相成的，那些想通过投机获得成功的人应该学会一个简单的道理：在你买入或是卖出之前，你必须仔细研究，确认是否是你进场的最好时机。只有这样，你才能保证你的头寸是正确的头寸。

（17）当股价从 10 美元涨到 50 美元，你不要急于卖出，而应该思考一下有没有进一步的理由促使它从 50 美元涨到 150 美元。

（18）市场只有一个方向，不是多头，也不是空头，而是做对的方向。

（19）时刻留意可能出现的危险信号。

（20）投机，天下最彻头彻尾充满魔力的游戏。但是这个游戏懒得动脑子的人不能玩，心理不健全的人不能玩，企图一夜暴富的冒险家不能玩，这些人一旦贸然卷入，终究要一贫如洗。

（21）华尔街永不改变，钱袋会变，投机者会变，股票会变，但华尔街永不改变，因为人性永不改变。

（22）一个人不能在同一件事上花几年工夫，还形不成正确的做事态度，正是这一点将专业人士与业余人士区分开来。

（23）交易系统核心：A.严格控制每一笔亏损。B.确保交易信号出现。

（24）自己的经验是系统之魂：①遵守纪律；②指标合力；③把握仓位、止损；④专注熟悉品种；⑤记住第一条。

（25）江恩认为：当市场的内在波动频率与外来市场推动力量的频率产生倍数关系时，市场便会出现共振关系，令市场产生向上或向下的巨大运动，这一理论在期货市场同样得到了验证。

（26）能量汇聚是动力：周期共振汇聚能量，每当 5、15、30、60、2 小时、4 小时、日线、周、月等在某一点汇聚的时候共振就会发生，将要有反转爆发的时机，同指标多周期亦复如是，我们就是要捕捉这种机会。而且他们预测市场的阶段顶部和底部有重要意义。①周期共振产生爆发力。②大周期决定小周期，例如，月决定周，周决定日，日决定时，时决定分。

先大后小（先研判大趋势后分析小趋势），看长做短（看准长期走势短期做差价），顺势而为（顺着趋势操作），大周期决定小周期，上一级周期对下一级周期具备控制的作用。例如，周K线图如果向上，即使日K线图往下，也只是反映了现阶段处于打压阶段，不一定是中期下跌趋势，只有周、日同步向下才是中期下跌趋势。

止损是股市生存的保障

破产等于逆势而为、重仓和不止损

财富看精神，功名看气概。有一次某个基金大佬，我看他气色不好，运气不佳，就建议暂时不要做期货交易。他说机会来了，结果过早重仓抄底，而且一意孤行不止损，最后爆仓，导致破产。

所以不知时机不行，每个人都有生物钟，要知道自己的状态处在什么阶段，知己知彼，方能百战不殆。所以，多修炼自我，返观内照，审查自己，物我一体，不走极端，平衡阴阳，把握时空点。

与买进股票的十大信号相左就要小心了，过去在华尔街，我身边有一批各拥绝技的投资高手，他们大都是杰出的工程师，特别喜欢使用计算机来做股市统计。大家总会定期聚会，一起探讨股票买卖之间的奥妙关系。

我们发现，股票在上涨之前的确是有蛛丝马迹，只要用功，你绝对也能买在低点。

希望这个"买进股票的十大信号",能抛砖引玉,作为止损时的参考,带动大家一起来继续研究。

(1)长期萎靡且有若一潭止水的成交量,突然出现大于过去 5 日均量 3 倍以上的大量,股价又以上涨作收。

成交量一下子冒出来了,沙漠中出现绿洲,股价也立即活过来了。但是,量能一旦消失,股价又将枯萎。

(2)由成交量连线而成的量能图率先完成"头肩底""V""W"等底部图形。

这是一只个股的股价走势图,成交量 A 早已完成"头肩顶"图形时,股价仍不知不觉。成交量 B 已完成"倒头肩"图形时,可以刚好买在股价的最低点。成交量 C 完成"倒 V 形"反转时,你又可以提前卖在最高点。

(3)行情下滑过程中,周量连 2 周急缩并创下波段最低周量,股价却出现止跌或缓升的背离现象。

(4)行情低迷下,再爆利空,股价却连续 2 天不跌反涨,成交量明显增加。

(5)大涨一波的强势股初次拉回整理后,再度突破波段高点。2 年时间,股价从 3 元涨到 28 元,中间经过了 3 个休息站,前面两站还可以上车,到了第三站时,最好还是改搭别的班车吧。

(6)股价一周以来出现剧烈震荡,但是以最高价作收且 10 日移动平均线向上。

(7)股价连续几天急挫之后,当日再跳空低开,但却以涨停或留长下影线的大逆转作收。持续下跌过后出现 1 根低开高走大阳线,这种大逆转是股价即将上涨的明确信号。

（8）低迷行情中，周线静悄悄地出现连两红，起涨周的成交量又大于过去周量的25%以上。

（9）类股中排名一、二的龙头股双双走强，连续大涨3天或是在5个交易日之中有4天上涨。

（10）股价跌进了个股"地心引力线"下方20%的"地心引力区"之后，突然出现大于5日均量3倍以上的大量，股价又收红。

"地心引力区"是超跌区域，在这么低迷的气氛下，突然冒出1根带大量K线，是谁在趁机买进？肯定不是散户。股票年线是指股票250日均线，一年平均有250个交易日。同样半年线是120日均线，季线是60日均线，月线是20日均线，周线是5日均线。K线则分为年线、月线、周线、日线，是以真实时间为起始点来算的。250日均线是某只股票在市场上往前250天的平均收盘价格，其意义在于它反映了这只股票250天的平均成本。250日均线股票价格走势的牛熊线，即在250均线系统法则中，250均线还有另外一个称呼：牛熊走势的分界线。牛市持有，熊市来时应当注意止损。

重要点位止损

止损是为了活着，也可能你止损十次有十次都是错的，但如果第十一次你不止损，你就死掉了，出局了。

止损速度要快要坚决

有时候几个月来积累的盈利，不到2、3天时间就化为灰烬，甚至有的还被套牢或爆仓。这就给操盘手提出一个要求，一定要止损坚决，要快，不能拖泥带水，更不能犹犹豫豫，战机一瞬即逝，这一条是多少投资者以血的代价得来的教训，要牢记于心，恪守不移。

止损如斩断被毒蛇咬的手

毒蛇咬到手，你无论如何要把手剁掉，必须立即执行，不能拖延，这样才能保住命，否则，命往往被搭上了。千万不要有侥幸心理，以为再看看，再等等，股票或许偶尔又涨上来了，但这助长了你的侥幸心理，这种心理一旦形成总有一天会害了你，或许这次咬你的蛇不是毒蛇，但一旦有一次被毒蛇咬到，你就没命了。所以，一个操盘手素质的养成有多重要，只有执行纪律，才能保全性命，才能有机会获取成功。

止损不仅为保命更是降低成本

无数成功者的唯一宝贵的经验就是及时止损，让盈利奔跑，而且止损比交易技术重要。如图，止损为降低成本。

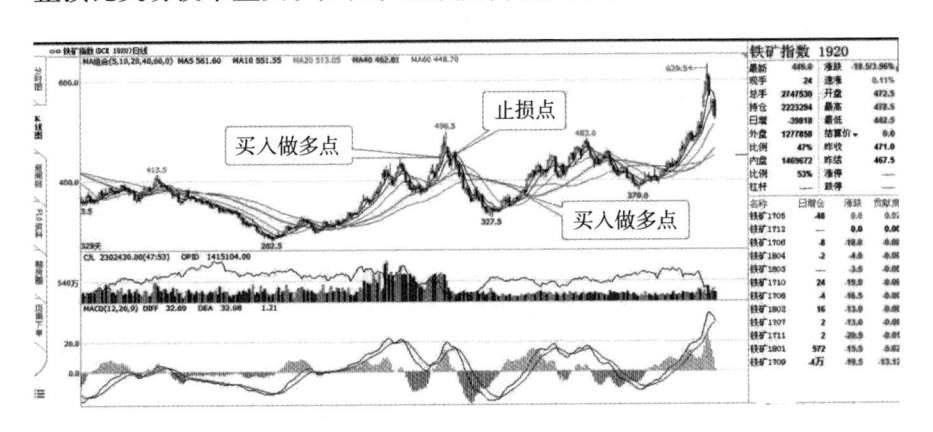

止损是为了防止爆仓，也是降低成本。止损出来了，再在更低的成本价买入，这样才是做生意，市场机会无处不在，不要试图和你的股票死守到壮烈牺牲。

巴菲特的投资理念是，买入优质的股票然后长期持有。但大家不要误会，基本分析不等于根据业绩投资股票。我记得巴菲特还有这么一句话："当某股票有好消息的时候不要和我说，而如果某股票有坏消息的时候一定要记得通知我。"他也是经常考虑止损的。

资金管理技巧

资金管理：千万不要随意亏钱，不要亏掉你的筹码、你的仓位。一个没有了现金的投机者就像一个没有了存货的杂货店主。如果没有了现金，那你就出局了。所以千万不要亏掉你的本钱！

震荡市仓位轻，趋势流畅时仓位重。目的是为保住本金，不要亏本，建立10%的仓位，止损一般是投入资金的1%。如果盈利，就设止损为投入资金不亏本处，此时加仓10%，后续直到加到85%的满仓，等待趋势形成，坐收渔利。

投资试水测试

初始资金100万元，保证金15%，仓位10%。

棉花指数测试图

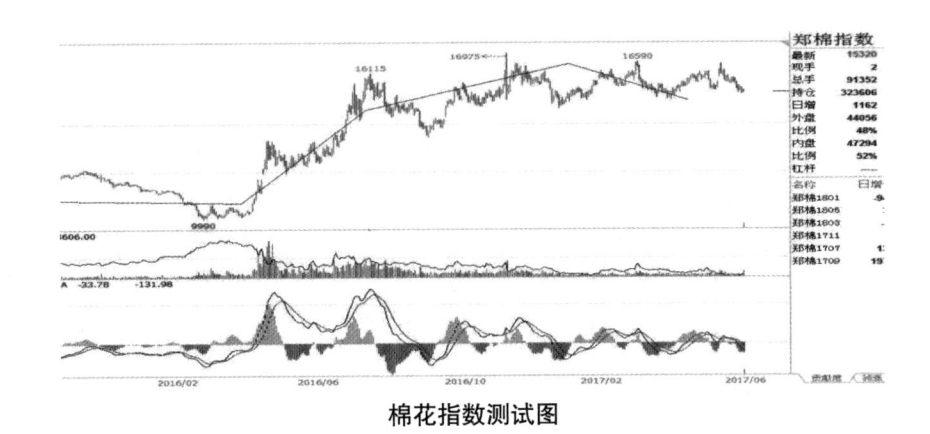

资金曲线就是自己的交易心态

建立资金曲线，也是你的交易生命线。知己知彼，了解自己的性格和运气。从中能看出你适合做什么市场，适合做多还是以做空见长。还可以了解自己的交易杠杆，是更适合什么量的杠杆。

投资的中庸之道

恰到好处，和谐，中庸，过犹不及，平衡心态。亢奋：骄傲，贪婪，不可一世。自卑：极度悲伤，感觉世界变了，没有信心了。有信心不一定能赢，但没有信心就一定会输。如红军长征，到最后就剩几千人了。但毛泽东没有失去信心。最后革命取得了胜利。切忌糊里糊涂地过度交易，混乱似一团麻。

最大风险不是来自于市场，而是人心。有哲人说期货的风险是最小的，因为人们重视，认识足，心理有所防备。美国证券交易委员会研究证实，债券、股票、基金等风险是最大的，而期货是最小的。但大家都不相信，风险来自于内心。

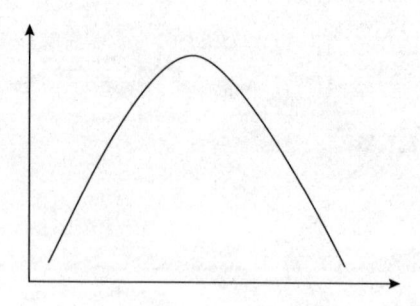

断崖式下跌，行情突然反转，心态不好，大起大落。

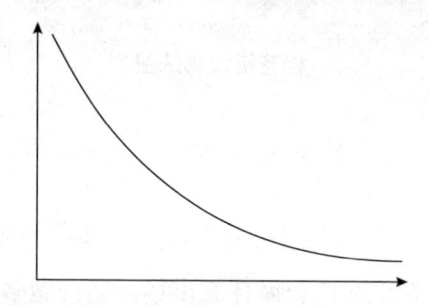

上图就是稳定的亏损。

交易，最终赚钱靠的是思想、智慧、对市场的认知以及完美的执行，这些没错。但是，良好的策略和技术手段并不和以上的认知矛盾，并不是利用计算机交易就脱离了市场，它仅仅是一种良好的技术手段。

执行层面：找到一种稳定且持续的办法，能够稳定、连续、不折不扣地去执行既定计划，实施既定策略。如果缺乏执行层面的保证，其他所有的事情，基本为0；执行层面是1，其他事情为后面的0；在执行这个层面上，计算机完胜于人。

投资市场免费的午餐：分散，可以通过至少三个维度来实现。标的分散、策略分散、周期分散。处理亏损的头寸果断，但有盈利的头寸不要急于平仓。

像躲避瘟疫一样躲避"内部信息"。当股市高位运行、利率上涨、经济繁荣时，至少应把一半资金放进市场。尽量少借钱或只在股市低迷、利率很低或正在下跌、经济不景气时借钱。要用适当比例的资金购买前景十分乐观的公司的长期股票看涨期权。对冲性理论：认知可改变事件，事件反过来又改变认知。

看好公司的3个特点：

①它们都是高利润的企业。

②它们的盈利能力不受商业周期的制约。

③它们成功的原因是可以确认的。

七个好公司的标准：①良好的资产负债表。②令人满意的现金流。③净资产收益率高于平均水平。④能干的管理层。⑤有持续增长的潜力。⑥有一种极具吸引力的产品或服务。⑦产品或服务的市场空间很大。

资产配置需遵循的四条基本原则，它们分别是：①全球性思维。②所选择的各类资产不应同时涨落。③着眼长远。④适时调整资产配置以适应投资形势的变化。

始终坚持守正出奇。"守正"是指仍将配置的重心放在反映出中国竞争力的核心资产上。这类公司尽管经历了不同程度的估值修复，但从国际的角度来说仍然不算贵。

后面诸如航空、连锁酒店、博彩等竞争格局较好且运营杠杆高的行业，同时具备明显消费升级的属性，目前估值水平仍处于低位。

所谓"人多"，指的是市场高度关注且对未来的业绩预期打得特别满的标的。热门股往往意味着定价相对充分，盈利空间可能会大幅减少，一旦出现与预期较大的差距就容易出现"践踏"。

第三章
投资运作秘法

计划你的交易，交易你的计划

交易铁律：

（1）每次交易风险绝对不能超过交易本金的 10%，即以交易本金的 10% 设为止蚀的标准！

（2）入市之后绝不可以因为缺乏耐心而进行盲目的平仓！

行情的展开是需要时间的，在市场没有证据证明您的操作是错误的之前，要有足够的耐心与信心！即在没有触发您的止蚀盘（止蚀标准）或止盈盘（止盈标准）之前要耐心持有！

（3）谨慎使用止蚀盘，以降低每次出错的概率。

止蚀盘的设置是需要技巧的，而技巧来源于交易经验和交易技术。

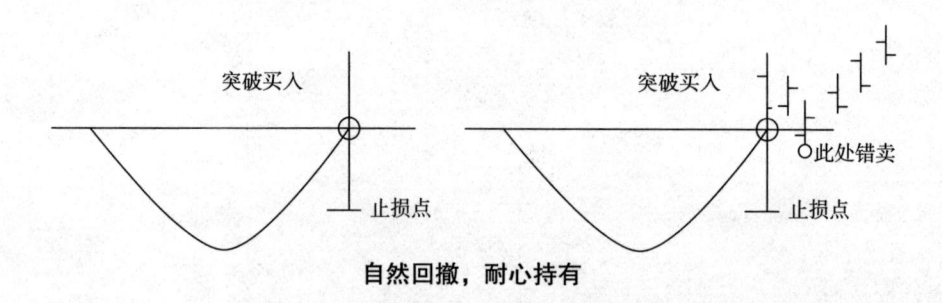

自然回撤，耐心持有

突破买入
此处错卖
止损点

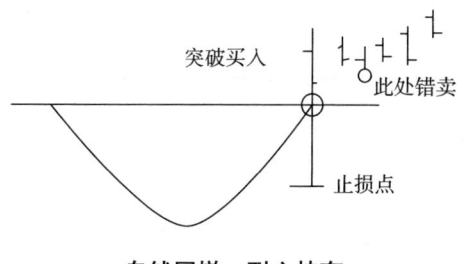

自然回撤，耐心持有

（4）绝不可以进行过量交易，即严格禁止超过自身承受能力的放大交易。

（5）避免发生获利回吐之现象，即用交易技术和交易经验进行有效调控，如下图。

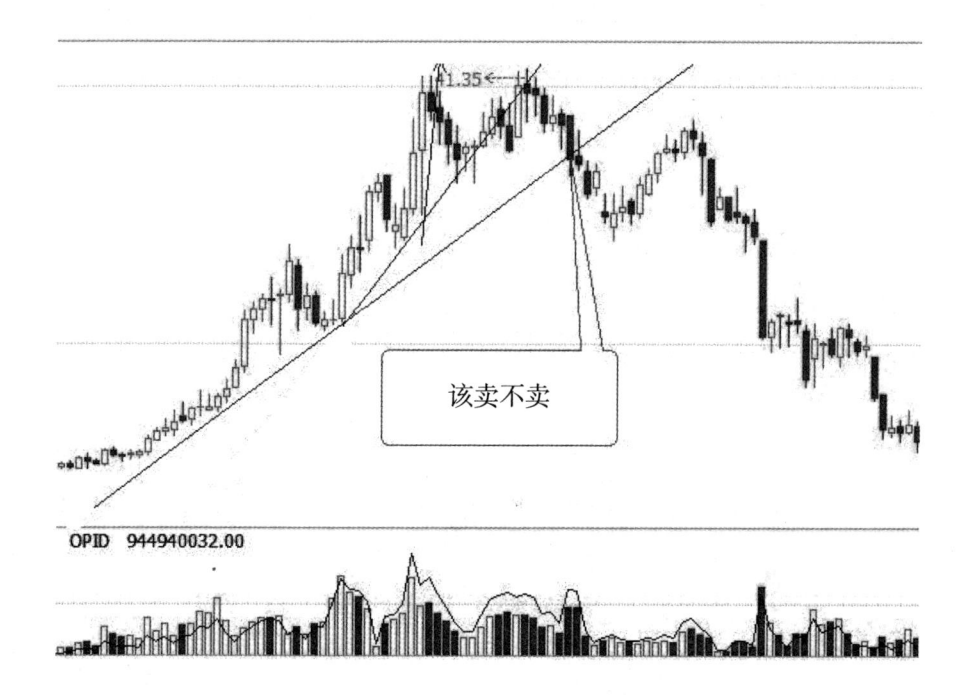

该卖不卖

OPID 944940032.00

（6）如下图，绝不可以进行逆大势交易。

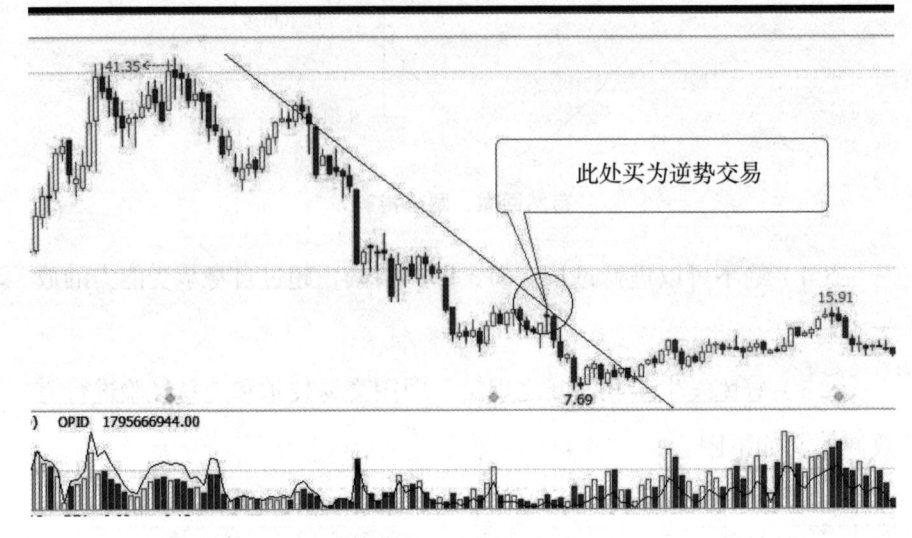

（7）市势不明，则立即停止操作。

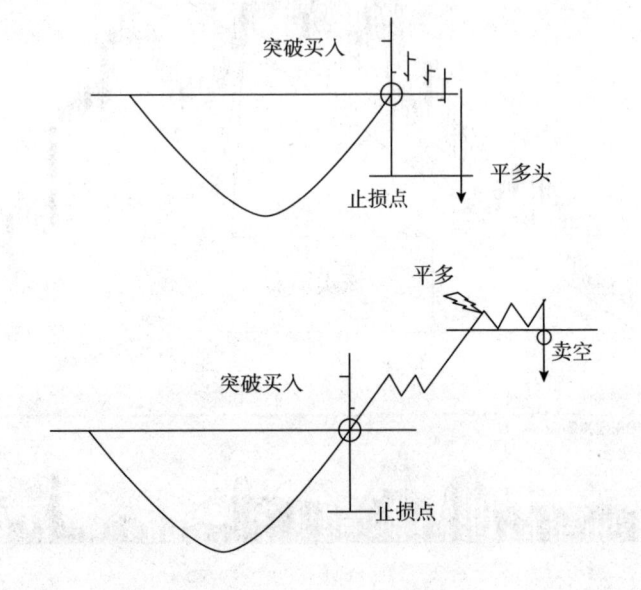

买多
卖空
突破买入
止损点

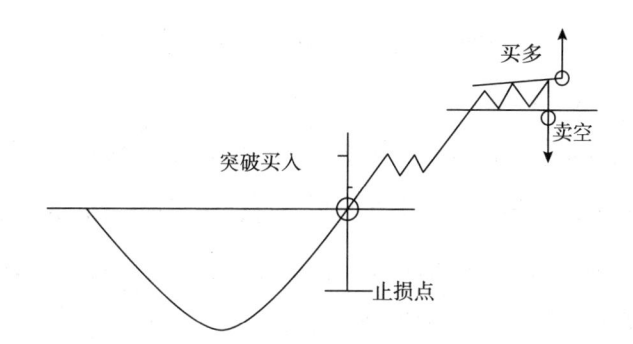

（8）只在活跃市场进行交易。

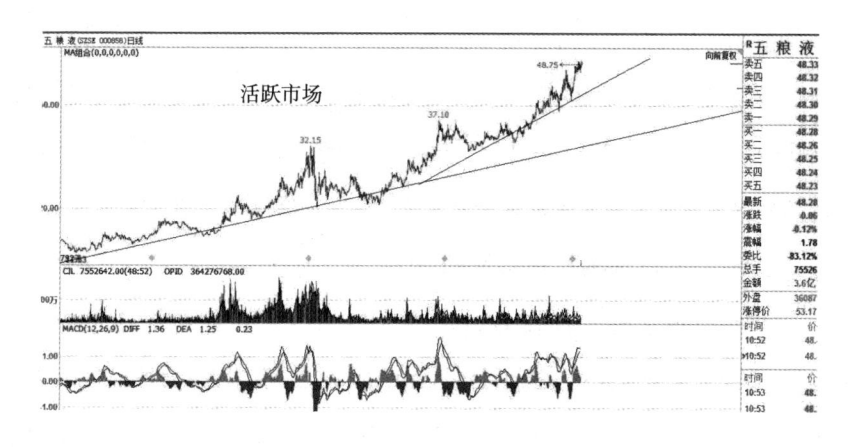

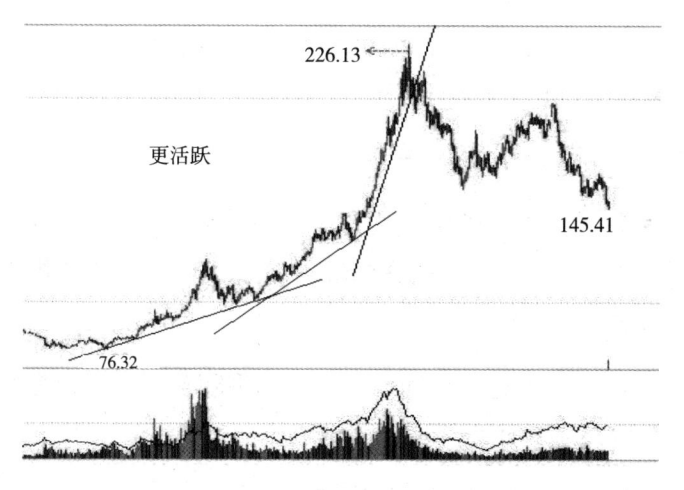

活跃市场

更活跃

226.13
145.41
76.32

（9）只可以选择两到三个交易标的进行交易，因为个人的精力有限，太多则难以兼顾！

有人说不要把鸡蛋放在一个篮子里，要多选一些品种来做，所谓不要把所有的鸡蛋全部放入一个篮子里，这纯属歪理！请问诸位到底有多少个鸡蛋需要放到你们的那几个不同的篮子里？基金之所以分散是因为证监会不容许其拥有某只股票流通盘的3%，否则就要被举牌。而对于寸头很少的公众交易者，一定要把资金集中起来，因为只有攥紧了的拳头才能打人。所以风险的控制不是交易标的的分散程度，而是对价格的控制，这才是风险控制的根本。所以说，资金100万元的你就搞一个，1000万元以内的不要超过三个，同时注意盘子的大小，别就几千万的盘子你一千万进去了，到时候想出都出不来，要具体问题具体分析。

（10）关键时刻绝不可以限价交易，否则会因小失大。

什么叫限价交易？操作者发出的交易指令是通过一系列服务器传输至交易所的，这期间有着大约10秒钟的时间延滞，因此下单价格不能按屏幕显示的现价打单，否则成交往往会失败。因此严禁挂单、限价交易，特别是期货，涡轮（权证）更不用说了，你要是这么限价交易你死定了。

（11）获利之后要将部分利润抽走。

一次获利后，抽走利润的50%做备用，之后重复，直至抽到场内的资金都是赚来的。这点在期货市场中一定要执行。因为账户上的钱永远是市场的。

（12）操作证券有了利润之后，切不可随意了结，可用止盈标准做保证放胆去赢取更丰厚的利润。

（13）绝不可以为了蝇头小利而随意入市交易。

海阔天空

河宽太小

（14）绝不可以追加死筹（补仓），即绝不将损失进行平均化！

当交易亏损时，即出现了死筹，说明你对市势的判断可能出错了，继续加码只能会招致更大的损失。什么是死筹？就是补仓，套了就得斩仓，没有补仓一说，因为当第一笔交易亏损的时候，即出现了死码，说明你对市场趋势的判断是错误的，继续加码只能招致更大的损失。

（15）胜少负多的交易方式要摈弃。

（16）入市之后，绝不可以随便取消止蚀盘（即止损标准）！

当你入市之后，跟随你这一生的就是你的这个标的的整个交易过程，就是一个风险的控制过程，因此进场后一定要设止损保护，严谨裸奔。

（17）交易次数不宜过多！

一个趋势性行情的展开需要与之对应的形态，这就需要时间，一年之中，行情的次数是有限的，所以不宜进行过多的交易，即避免频繁地进入市场。如下图：应尽量在上涨第三浪或第五浪中持股。

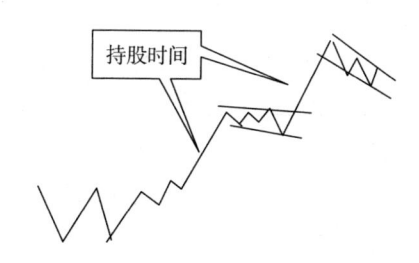

持股时间

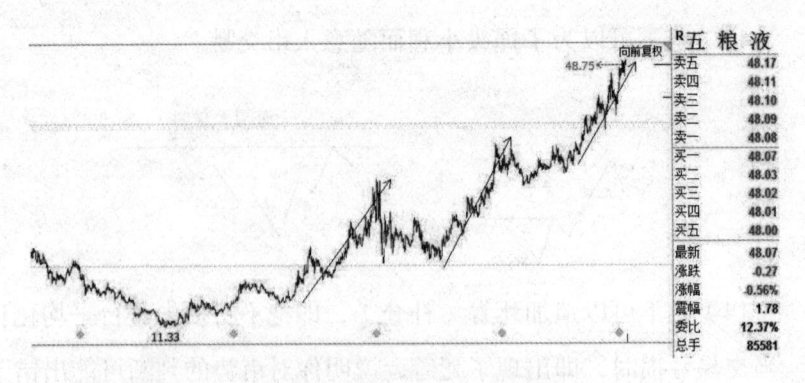

（18）顺势操作，即按市场的变化进行交易。

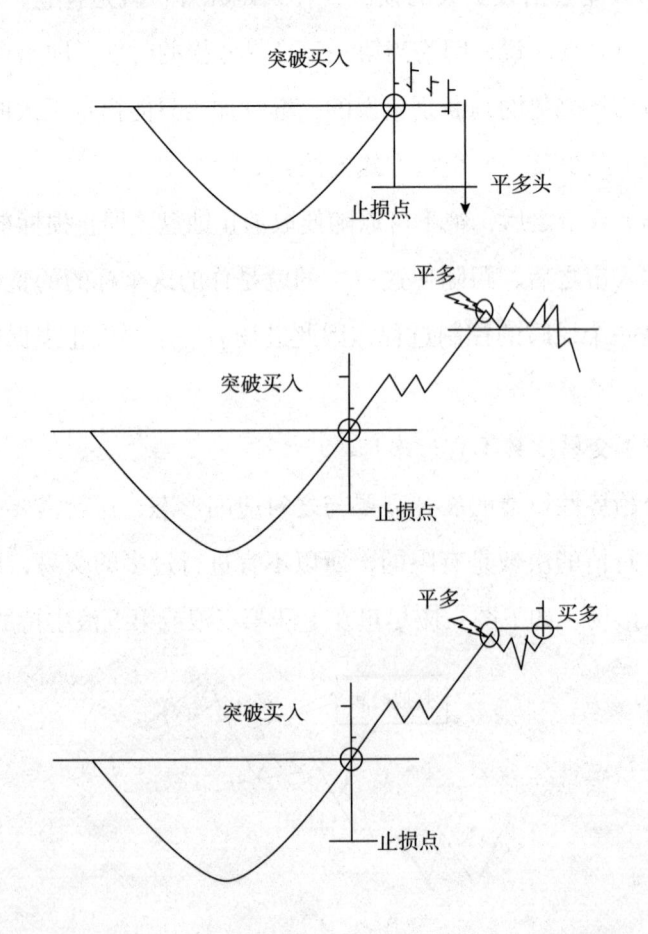

（19）绝不可贪低而买进，也绝不可因恐高而卖出，一切应以市势的走势变化而定。股位的高低是由市场决定的，是我们日后才能发现的，所以绝不可以主观去臆想！

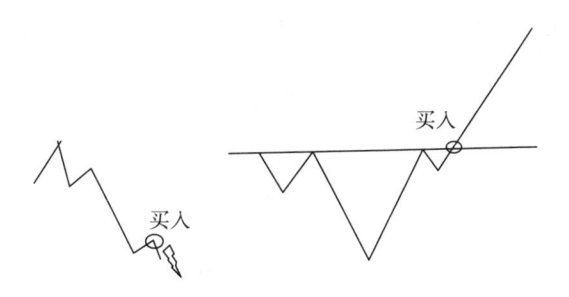

（20）应避免在交易顺利之后而追加头寸，即避免追加成本。

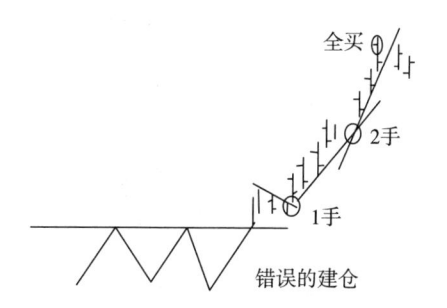

（21）应选择势头凌厉的标的进入市场，并进行金字塔式建仓，了结时相反（即先了结后建立的仓位，后了结最先建的仓位，对于散户，就一次了结）。

（22）出错时，应立即了结，切忌锁仓操作。

出错？比如假突破，发现错了立即平仓出来，切忌锁仓操作。

锁仓是不愿意认错的一种表现，在资本市场中，赔与赚都是很正常的，出错时拒不认错不但会招致更大损失，而且还会导致错过下一次获利的机会。

（23）绝不可以随便地由好仓（多头）转为淡仓（空头），或由淡仓转为好仓。每次操作都要经过详细而周密的计划，在理由充分且条件具备时方可进行操作。

注意平仓卖出和开仓卖出的区别：

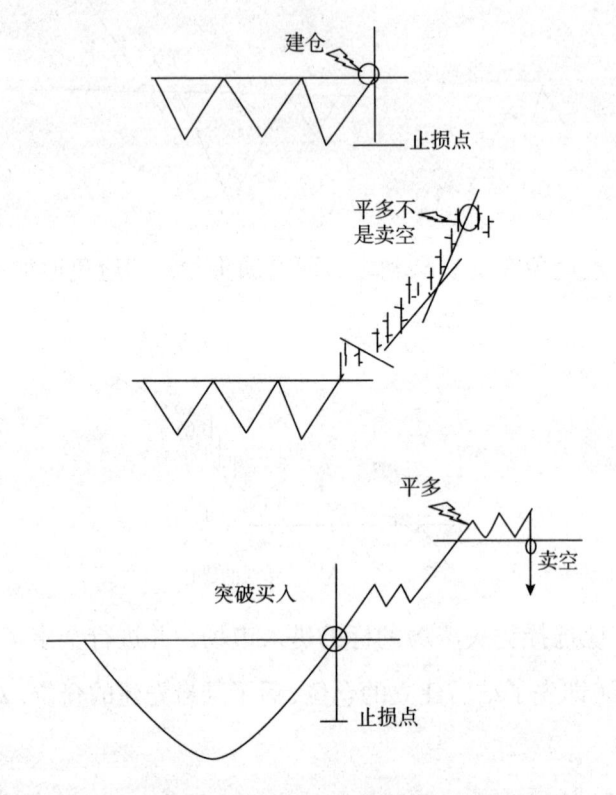

（24）交易得心应手，切忌随意加码，此时最容易失手。

（25）切莫预测市势的底和顶，一切皆由市场自己来决定。

越跌越买，比如巴林银行倒闭了就是在错误的方向不断加仓造成的！

（26）绝不可以轻信他人的意见！

市场是瞬息万变的，而一个没有主见的人是不适合在其中生存的，更何况他人的意见也未必是正确的，所以他人的意见只能是作为参考而已！

（27）入市、出市皆错固然是不妙，但是入市正确而出市错误亦不应该，二者都应该避免！

（28）出错时，请认真查阅以上之条例，并能以此为戒，则你的交易技能会不断地进入一个新的境界。

分散风险——配置是投资的必要手段

综合指数反映市场整体运行情况

十个大型综合指数，四十个分类指数，行业产业领头羊的具体两百个包含大、中、小型股股票到底多少只走强的组合来综合反映市场整体运行情况，融会贯通。

投资者的心理压力由大盘指数决定，它是投资者能否长期活在股市的关键。多头贪婪，空头恐惧，没有大盘指数的依托，就像在雾霾里看花。底部反弹跟进日，或头部抛售卖压日来测算判定大盘，美股主导的90%成交量来自于机构投资者。在美股用此法相当精确。在A股这个散户化的市场必须对十个大型综合指数、四十个分类指数即行业产业指数的强弱对比进行整体分析。

但是对大多数人来讲，还是云里雾里。所以条理化对整个大盘的研判体系，这就用直觉思维。如最强的武功，特别是保命的功夫就是直觉，如果直觉感到账户持股不对劲，我可以告诉你 80% 你是对的，因为股价肯定走得和你的判断南辕北辙，这就应避开了。基本功一定要自己练的，而且就是铁杵磨成针的慢工细活。

最重要的投资是期权保险策略

投资上证 50 价值股的长期上行收益，且降低一半的波动和回撤，有期权保险策略。目前国内只有一个期权品种——50ETF 期权。

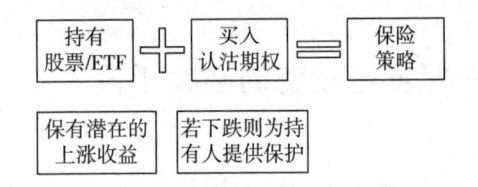

持有股票/ETF ＋ 买入认沽期权 ＝ 保险策略

保有潜在的上涨收益　　若下跌则为持有人提供保护

被动傻瓜式地坚持指数化投资（买入 50ETF、300ETF、500ETF……），最高的中证 500 指数涨了 665.65%，最少的上证综指也涨了 179.92%，实现了财富翻倍。

保利地产与认沽期权套保搭配的绩效评价表如下。

绩效指标	股票＋期权组合	股票
累计收益率	17.99%	9.45%
年化收益率	9.95%	5.31%
年化波动率	29.18%	50.81%
最大回撤	29.23%	52.81%

购房合同相当于认购期权，对于签订买房合同的购房者而言，其拥有了在约定的时间以合同中约定的价格购买该房屋的权利，这和认购期权合约十分相似。签订合同所付定金相当于认购期权的权利金。

买房合同和认购期权的区别在于买房初始定金本身就是房款中的一部分，因此在付款时将从房款中扣除，而购买期权的花费不会在行权时扣除。

认购期权相当于融资买股票，假设标的股票价格为 10000 元，购买期权花费 1 元，那么购买认购期权相当于融资 10000～1 元买股票。投资者只需要在前期投入 1 元，就确定了以特定价格买入股票的权利，也就相当于融资买入股票。

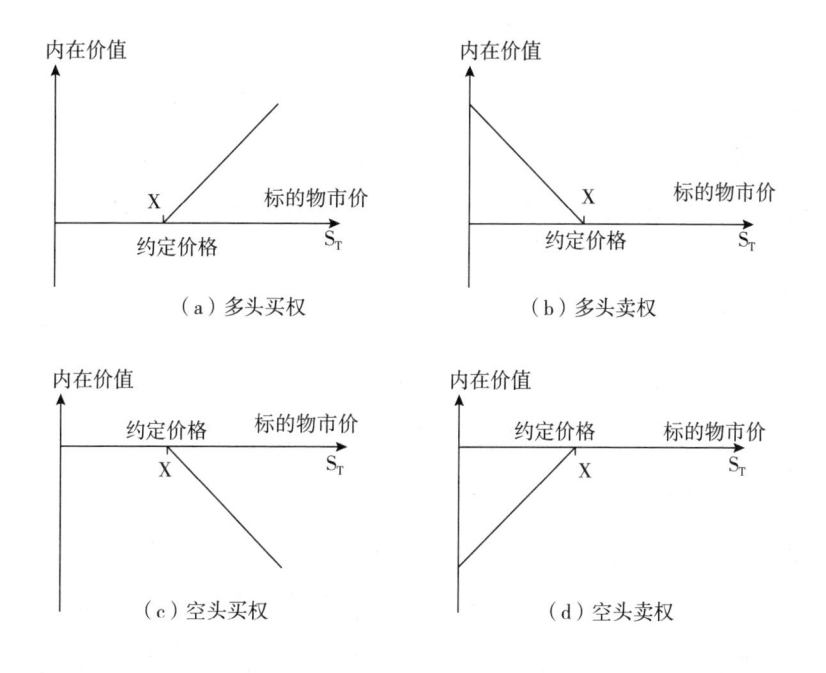

（a）多头买权

（b）多头卖权

（c）空头买权

（d）空头卖权

并购投资——上市公司的并购操作

一个传统制造业上市公司甲，其行业在低谷持续 2 年时间，亏损、濒临退市边缘，年亏损数千万元，总股本为 1 亿股，股价 10 元左右，总市值10亿元左右。其中第一大股东甲老板持股40%。

甲老板开始谋划寻找潜在重组方。消息一经放出立刻在市场上引起广泛关注，因为总市值在15亿元以下的上市公司已经非常少。各路并购中介带着一个个被市场追捧的题材公司——互联网公司、影视公司、石墨烯公司、机器人公司、"一带一路"公司等来找甲老板洽谈合作。

甲老板考虑对比筛选，最终选择了时下最热门的某"一带一路"概念公司乙作为合作对象。为了把其他"求爱者"拒之门外，甲老板要求乙公司必须先支付500万元交易定金，才能给乙公司3个月的独家谈判权。

乙公司第一大股东乙老板持股70%，该公司2014年净利润为5000万元，承诺2015—2018年净利润分别为8000万元、1.2亿元、1.6亿元和2亿元，经过双方讨价还价，初步确定乙公司估值为12亿元，并请来一家专业评估机构做了一个评估报告论证此估值具有合理性。

经过数月谈判和尽职调查，甲公司召开董事会作出决议，确定按照前20个交易日均价的90%即每股10元向乙公司全体股东定向增发9000万股，同时向不超过10家特定对象机构定向增发3000万股募集3亿元现金支付给乙公司全体股东。乙公司全体股东获得了9000万股甲公司股票（价值9亿元）以及3亿元现金共12亿元的交易对价（其中乙公司大股东乙老板按照70%的比例获得了6300万股甲公司股票和2.1亿元的现金）。乙老板同时承诺2015—2018年的净利润不低于前述承诺数，否则将向其余股东按比例赔偿股票或现金。

交易完成后，甲公司总股本将从1亿股增加到2.2亿股，乙老板将在重组后的甲公司中持有6300万股成为第一大股东。甲公司从一个连年亏损的传统制造业企业摇身一变成为了一个当今最热门的"一带一路"概念股,并且预计净利润过亿元。

董事会预案一经发布,甲公司股票复牌后牢牢封在涨停板上,此后连拉六七个涨停板,一直涨到20元左右才基本稳定下来。这时候,甲公司的总市值为44亿元,乙老板持有的6300万股股票价值12.6亿元,原来第一大股东甲老板持有的4000万股股票价值8亿元,重组前持有甲公司股票的散户现在股票市值也都翻倍,认购3000万股定向增发股票的私募基金们也乐开了花,短短半月就浮盈数亿元。

从目前来看,中国的资本并购浪潮还未结束。

注重板块轮动的节奏

把握好市场上板块轮动节奏

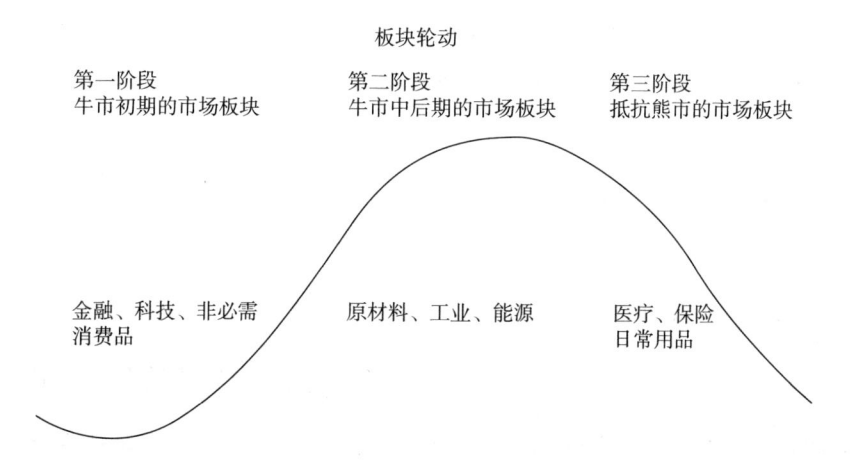

板块轮动

第一阶段　　　　第二阶段　　　　第三阶段
牛市初期的市场板块　牛市中后期的市场板块　抵抗熊市的市场板块

金融、科技、非必需　　原材料、工业、能源　　医疗、保险
消费品　　　　　　　　　　　　　　　　　　　日常用品

板块轮动是市场固有的特点,一方面,板块轮动意味着在某个时间段,某个板块会遭到市场炒作,随之大量资金流入板块走强;另一

方面，某板块经过一波上涨后，技术面上会有回调的需求，一旦回调到位会再次反弹。采取换股策略应该把握好市场上板块轮动的节奏，选择那些已经回调充分的个股。

一定要盯住便宜的商品，一个商品可能几十年都不来行情，但是我们商品种类多，每年可能都会有大级别的行情，但是一定要盯住便宜的商品。

工业品的价格走势，研读政策很重要。看国家政策是紧缩还是宽松，就知道该做空还是做多。国家有货币垄断权，央行是放钱的总闸门。

市场整体走弱时换股需谨慎

当市场整体走弱时，市场热点切换频繁，个股涨少跌多，这种情况下换股需谨慎。一旦换股不成，就会陷入再次被套的尴尬境地。要注意的就是，一般弱市中热点往往持续性差，所以不要轻易追逐热点股。此外，也要注意弱市中庄家股、抗跌股的风险，因为在弱市中所有板块及个股都有调整的风险，切勿因为一时的涨忽视了风险。

多元配置决定成败

投资抗通胀

有两种渠道，第一是最洋的，投资成功的高科技企业。第二是最土的，上帝造的大自然的东西。由于各国政府有史以来大量地印钱，将来一定会导致超级的通胀，所以冬病夏治，现在就要在通缩的时候布局以为将来战胜通胀，买黄金、买房子就是为了保值。

高科技企业，这些年如苹果公司涨了46倍，亚马逊涨18倍，谷歌涨17倍，Facebook涨200倍，腾讯仅仅用了18年就涨了200多倍，若能骑上黑马又不掉下来才重要，如腾讯要找个一直持有股票没多卖掉的人，只找到一位，是当时看门的老大爷，用拆迁款一万元买了8万股，结果不久得老年痴呆，又不久就去世了，当腾讯公司找到老人的后人，说明此事，子女们都没想到，天上掉下了个大馅饼，现价相当于30多亿元。

黄金T+D必要的资产配置

黄金延期交收业务简称AU（T+D），由上海黄金交易所于2004年推出，为投资者提供了一个交易平台，较适合投资理财。黄金延期交易，是以保证金方式进行黄金交易的一种交易模式。既可做多又可做空是黄金T+D的显著特点之一，和大多数人较为熟悉的实物黄金和纸黄金相比，以上两种投资方式只有在黄金价格上涨时投资者才可能获利，否则就会面临被套的危险。而黄金T+D则不同，即便在黄金价格下跌的弱市，也可以通过做空交易先卖后买，获得投资收益。在震荡市中，投资者一旦出现误判行情的情况，多单入场后行情发生反转，也可转向反手做空对冲风险，避免资金被套。

黄金延期交易还具备保证金杠杆功能，仅需15%保证金，便可进行100%的全额交易，以20万元的黄金投资为例，按照15%的保证金比例，投资者只需付出3万元即可买入20万元的黄金资产。这种交易方式在使投资者以小搏大获取收益的同时，也要承担更大的风险。

黄金（T+D），法人及个人均可投资，其中针对个人的Au（T+D）于2008年初正式开通。

Au(T+D)的基本交易单位为手，每手1000克。由于实行保证金制度，Au（T+D）一般具有5倍附近的杠杆倍率。假如保证金率为11%，金价为每克280元，则投资者买入一手Au（T+D）所需要支付的保证金为280元×1000克×11%=30800元。在此情况下，如果投资者买对方向，金价波动10元，则一手Au（T+D）的收益为1000克×10=10000元。也就是说，投资者投入约30000元成本即可获得约33%的收益率。如果金价反向波动10元，而投资者未及时进行止损的话，将亏损10000元；如果金价反向波动超过20元而投资者未进行止损，如不及时追加保证金，则投资者账户会被逐步平仓至安全风险值。

除了保证金，个人进行Au（T+D）交易还需向开户会员单位支付万分之八的手续费。

做股票的真谛就是做企业

我的投资原则就是，我们是做一个企业，这个企业要做好，它的业务是交易股票。在经济大方向不明朗的情况下，最好的方法就是保持较低换手率，保持净值不出问题，等待时机。买安全边际的股票，就是相对低点买股票，即股价低于成本线下再买入。在你的能力圈范围内投资，了解清楚自己投资的标的。与"市"隔绝，"市"是闹市，易被所谓的消息误导，容易混淆视听，影响自己的操作。

第四章
判断趋势的要素

东方哲学与阴阳K线物极必反

牛市熊市相互转化，物极必反是自然规律，东方哲学认为，阳极则阴生，阴极则阳生，周而复始，天地之道。而西方认为，万事万物都有个发生、发展、高潮、衰老、死亡的过程。

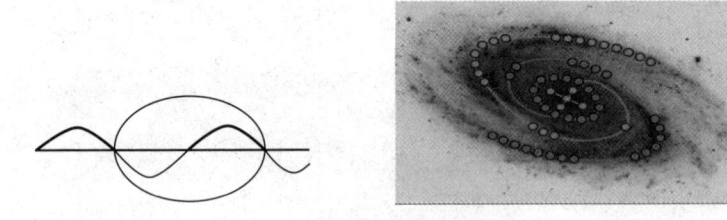

阴阳K线与昼夜转化

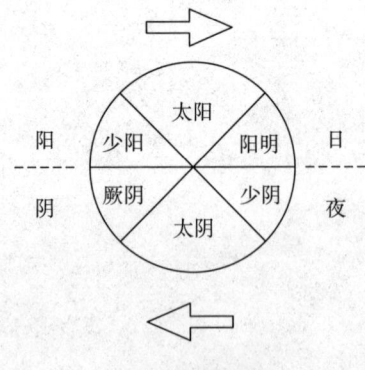

阴阳相互转化图

趋势必反与规避风险

趋势形成，得到市场的认可，那么，成交量、持仓量、换手率是平稳的，除非大限来临，大家频繁换手，此时博弈不是依靠认可基本面了，而是过度的投机了，此时成交量会极度的放大，成交量、持仓量、换手率完全失控，已经触碰到交易所投机度的底线了。政府出政策开始告诫大家，告诫往往不起作用，价格还将不断上涨，还没到头，疯狂还会继续延续，物极必反，人性高度疯狂结束后，价格才加速下跌，结果，指数怎么上去的就怎么下来。

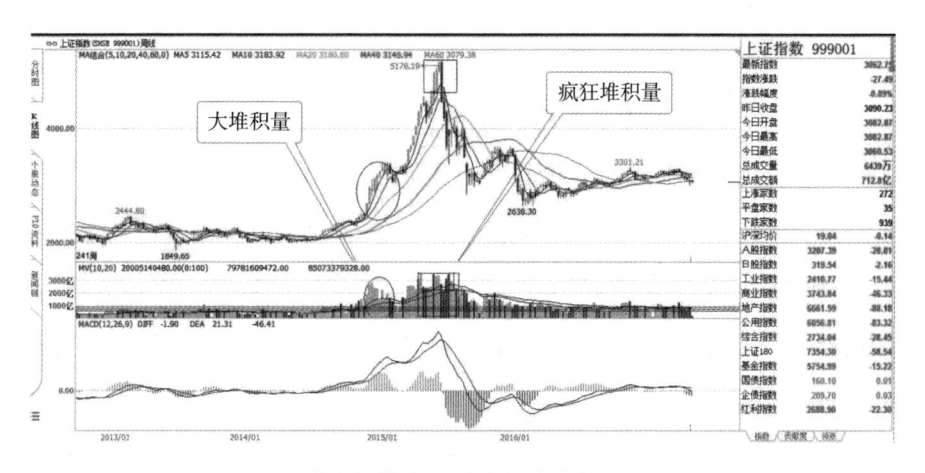

成交量堆积已到疯狂的阶段图

趋势转折的判断

物极，就是事物走到了顶点，物极之前要上演最后的疯狂，上帝想要谁灭亡，就要他疯狂，最后的疯狂和回光返照不完全相同，回光返照可以是股票退市前最后的挣扎，物极必反不一定马上退市，但有时候最后的疯狂可能是回光返照，回光返照也可能最后疯狂，所以要区别开来。回光返照与最后疯狂和昙花一现又有不同。昙花一现，没有上涨或下跌的过程，只是临时起意，匆匆而来，一闪即逝。

如趋势走到尽头的欣泰电气 2016 年 8 月 22 日退市前，竟然有一批机构还杀气去了，2016 年 7 月 27 日成交 2.27 亿元，8 月 2 日成交 1.55 亿元，8 月 4 日成交 8603 万元，最后证监会出来警告，那些假消息、企图心才得以平息，结果参与的都亏惨了。这就是不懂回光返照的道理。

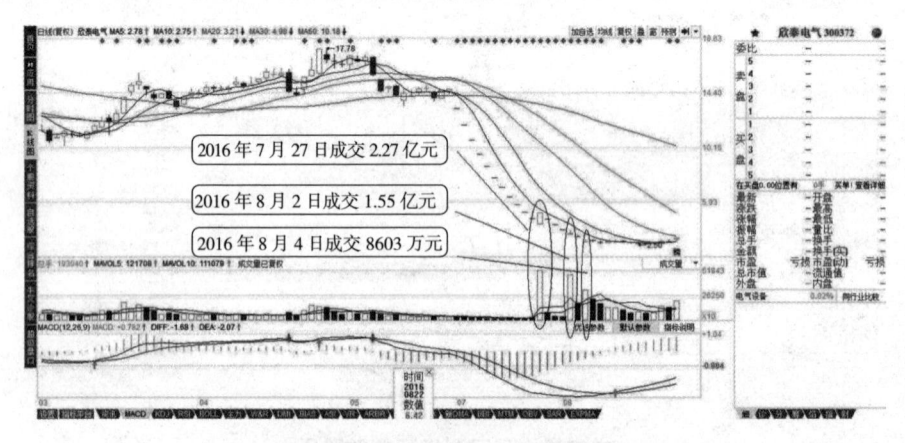

2016 年 8 月 22 日欣泰电气（300372）退市

市场重心上移之至最终造成物极，所谓市场的重心，事实上并非是权重股对市场波动的主导，而是领导股和领导板块对资本市场前瞻性的主导，因为资金趋利总是在资产增值速度最高和最快的企业中先入为主。

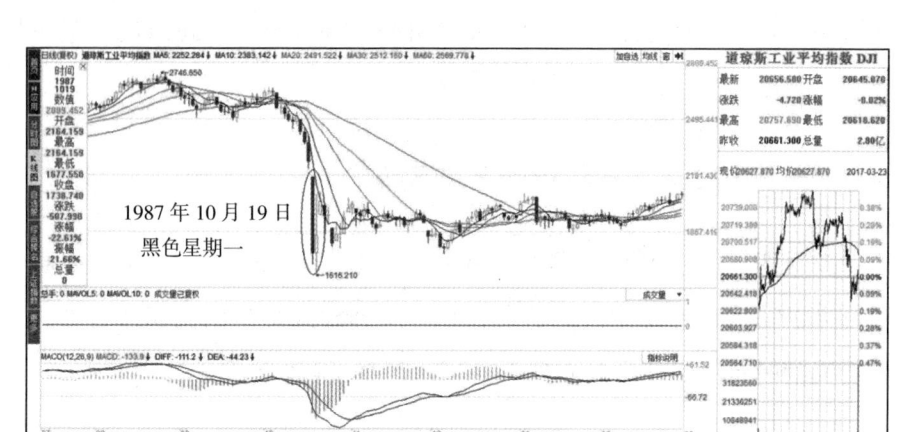

趋势 K 线图是指阴盛则阳或阳盛则阴

美国 1987 年 10 月 19 日的黑色星期一

如 1987 年黑色星期一，格林斯潘主席第一时间表示，美联储已经准备了充足的流动性资金以支持经济和金融体系的需要。美联储及时在公开市场上购买国债，并降低短端利率，证监会也采取了一些必要的措施，例如交易所暂停部分交易、增加股票回购限制，从而遏止了危机的蔓延。

K 线的阴阳最终就是平衡

平衡一旦被打破就是趋势要反转，太极就是平衡到平衡。

世界上任何事物都有周期，趋势是周期的具体反映，趋势更是周期的表现形式。周期就是太极，太极就是阴阳和合、阴阳转化。太阳到中午就到了最高点，接着就要下落。夏至阳气到达最旺，阴就开始升；冬至阴到达最旺，阳就开始升。万物皆有周期，当然期货、股票亦是如此。阴盛则阳，阳盛则阴，都有时间期限，这好比蒸馒头，大气上来后，蒸二十分钟时间，如果时间不到，过早过晚出锅，都会影响美食的质量。

长线投资选股中的模糊和平衡思维

如下四幅图，表明当趋势走到头，该拐点出现时，其点位基本就是前期的高或低点位附近。这种模糊和平衡模式是机构长期持有者开始布局的时机。偶然中的必然——逻辑的哲学锚定！

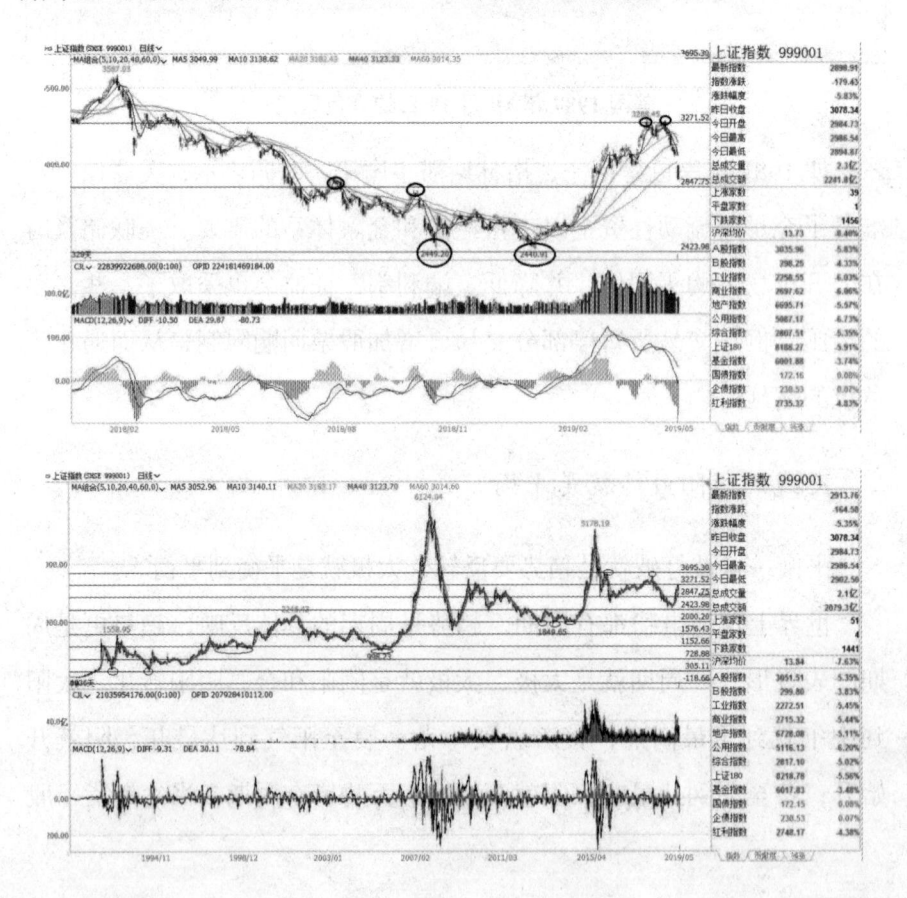

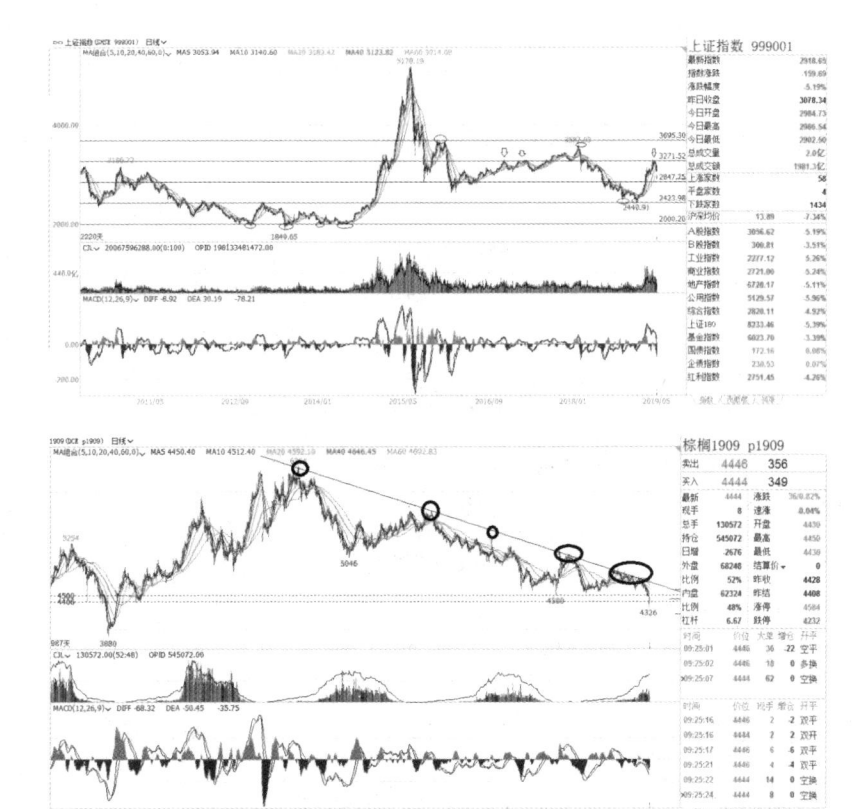

K线走势阳极则阴,阴极则阳。

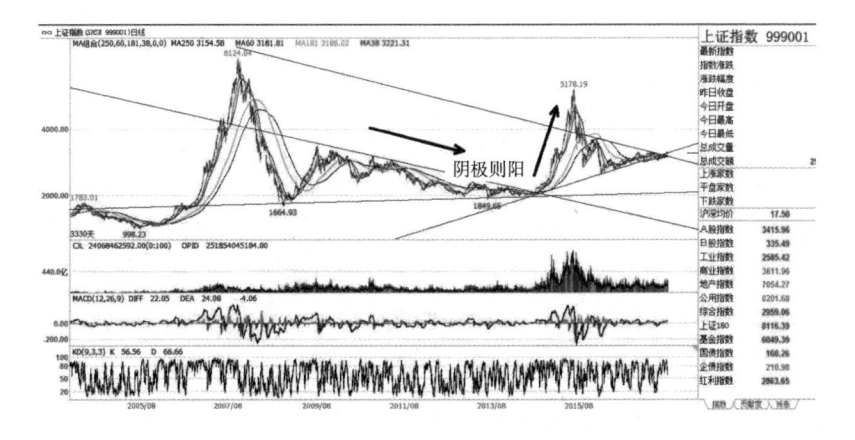

时空对称的原理图示

怎么涨上来的就怎么跌下去,即哪个点位涨上来的再跌到哪个点位去。

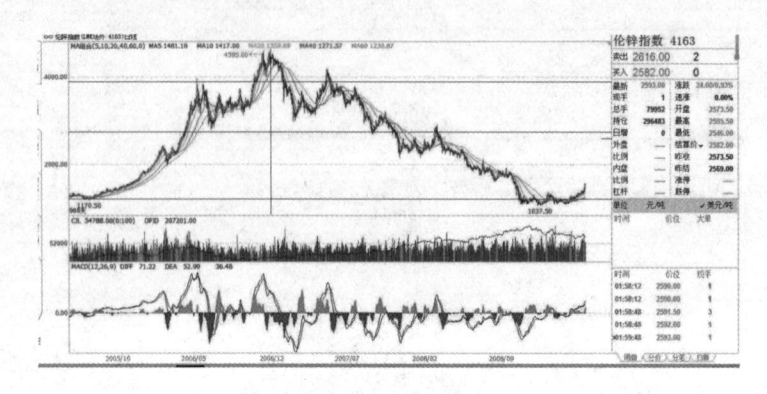

阴阳平衡时空对称图

趋势转折的突破原理

突破低点,如果前面有三次,到第四次时,一旦突破就有加速下跌的情况。日内交易如此,日线交易也是如此,即超短线、短线、中线、长线都是如此。

(1) 双底的突破

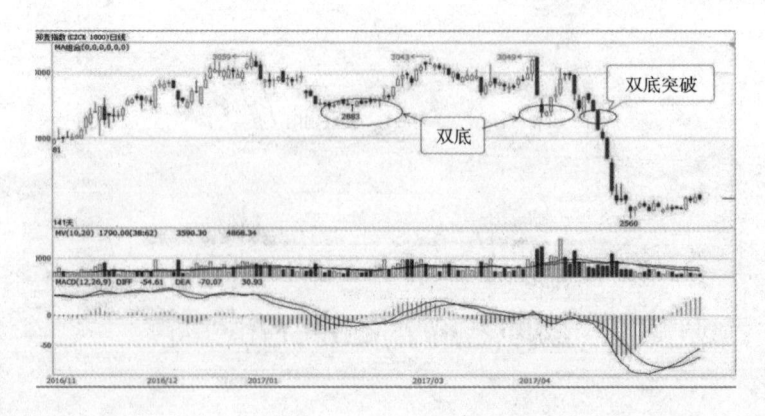

（2）久盘必跌

2017年3月24日，港股辉山乳业（06863.HK）盘中跌近90%，创历史最大跌幅，报0.3港元。传30亿资金被挪用投资地产，资金无法回收，消息走漏造成股价大跌。公司自上市开始，明显高出同行的毛利率等财务数据就遭市场质疑，2016年12月16日美国知名做空机构浑水在报告中将辉山乳业直呼为"骗子"，称其至少从2014年开始发布虚假财务报表，夸大资产价值及负债，并称该公司估值接近零，做空狙击，但遭公司反驳。该股半小时内跌90%，比当年汉能薄膜（0566.HK）的跌势更凶残，算是创造了历史。

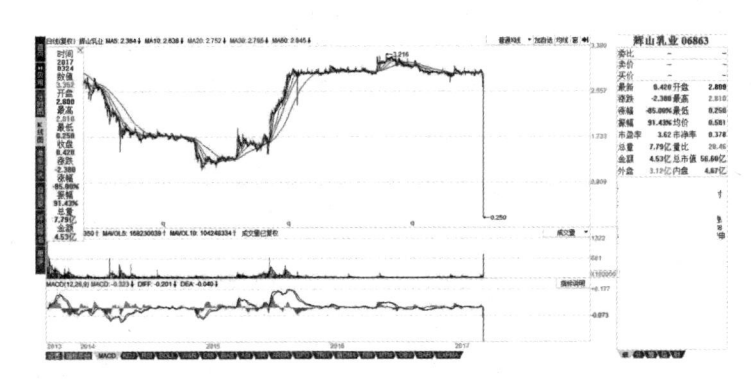

全息物极必反的价量：

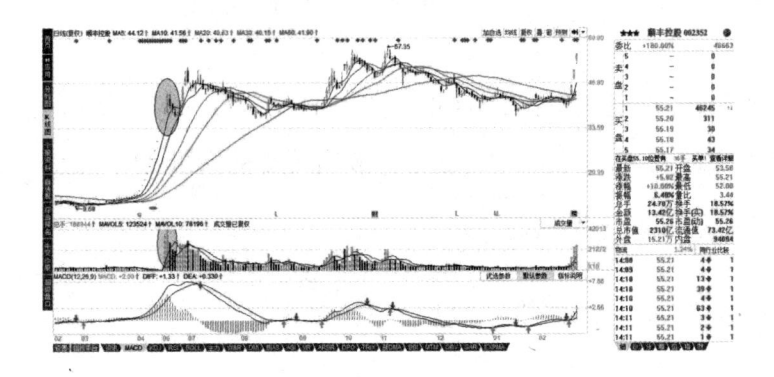

地量地价：

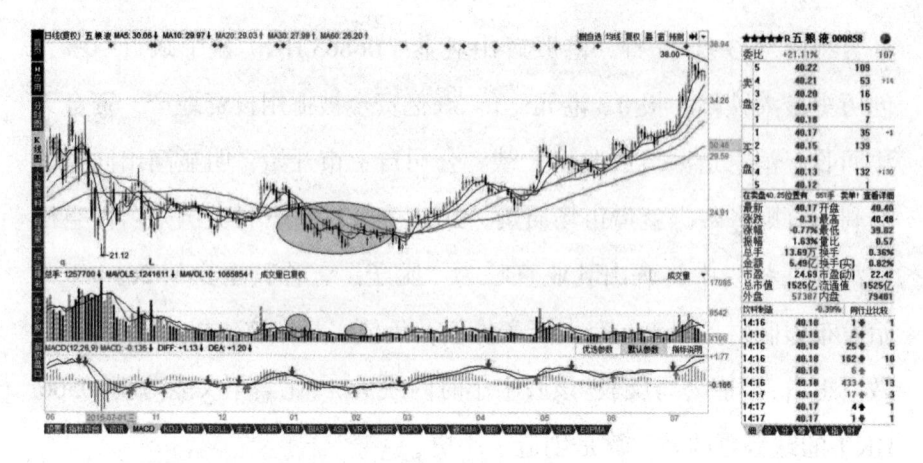

运筹帷幄相对底部天量乃庄家入场点：

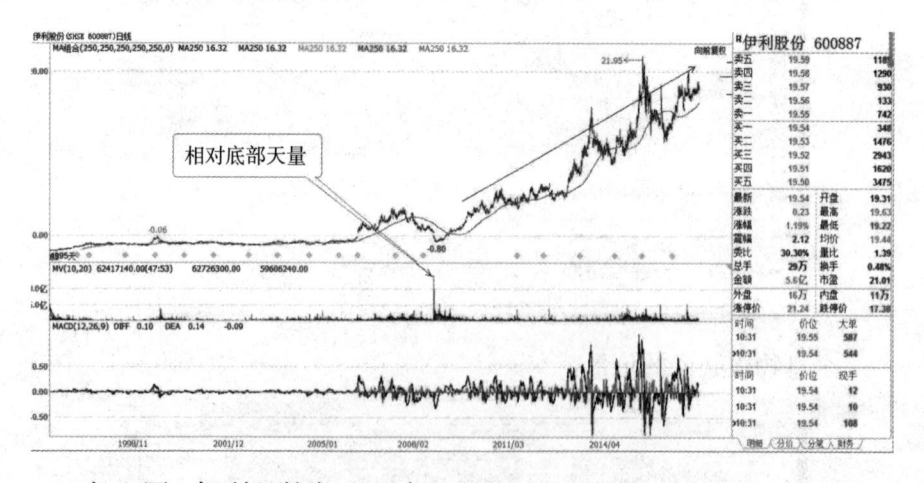

如上图，伊利股份在 2008 年 9 月 22 日、24 日、26 日及 10 月 6 日，连续四天放大量，而在 9 月 22 日，放出历史的天量 24.8 亿元，股价从 7 元多到四五十元。

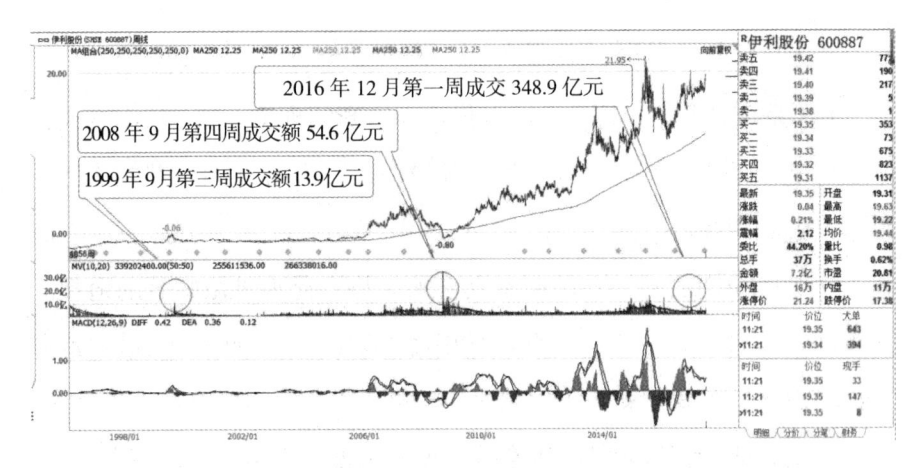

历史有三次周线大量，1999年9月第三周成交额为13.9亿元，2008年9月第四周成交额54.6亿元，2016年12月第一周成交额为348.9亿元。看来为伊利股份股价将来重上50元以上打下了能量动力基础。

道氏理论与1+1理论

道氏理论与1+1理论有惊人的相似之处。1+1蕴含对称关系、阴阳关系、支撑阻力线关系、共振关系、重叠关系、上下卦关系、时间空间关系、天人合一关系、横竖关系（横有多长竖就有多高）等。

横竖关系如下图：

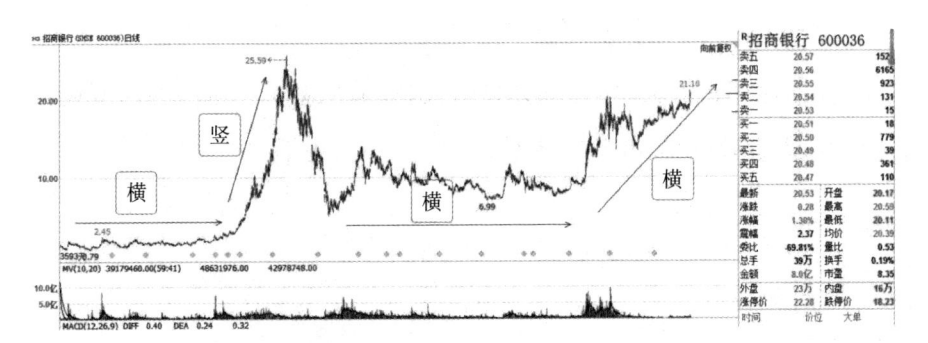

（1）1+1理论的全息概述

1+1是全息理论，符合中国古代哲学平衡的理论，如"从小看大，三岁看老"的理论，"一叶知秋"等说法，股市K线图中都能捕捉到蛛丝马迹的规律。

从股票初期的趋势就能洞察其未来大势，此为见微知著的道理。大道者，百姓日日在用，但百姓日用而不知，不去领悟。大道常常在人面前放光，可我们就是不曾洞察，一再错过。大道没有那么多玄虚，大道至简，故弄玄虚者都不曾掌握大道，至繁了大道，从而害人害己。

1+1理论在股市中更能洞彻庄家进出，庄家+你=1+1，使我们能与庄共舞。要做庄家进去的股票，1+1理论可以判断庄家何时要发动个股行情，1+1理论善于洞察先机，见微知著，能提前布局。

科学家给无数个树叶拍照研究，发现树叶小的时候，照相时，相片上总是留有一个大轮廓，等小树叶长大后刚好和这轮廓相吻合，看来小树叶从小就能反映出将来长大长成后的样子，可见小树叶生长有定数，其实万物有其定数。如人的生老病死，太阳东出西落等等自然规律，经济也有规律，股票更有规律，问题是如何才能把握规律。1+1理论就是揭示此规律的，我们必须掌握。

（2）1+1理论的活学活用

如何运用掌握大道至简的原理，这里举个例子：中国的四万亿救市的缘起，4万亿救市，10为满，4为40%，还不到一半。

40% 数等于 40°

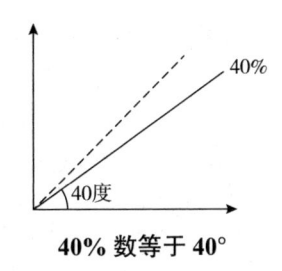

结果以 40% 来计算。如高低点差为：6124 点 −1664 点 =4460 点，4460 点的 40% 为：4460 × 40%=1784 点。

故 A 股上涨 1784 点。即 1664+1784=3448 点。与 3478 高点误差 30 点。刚好大盘到 3478 点就开始大调整了。如图：

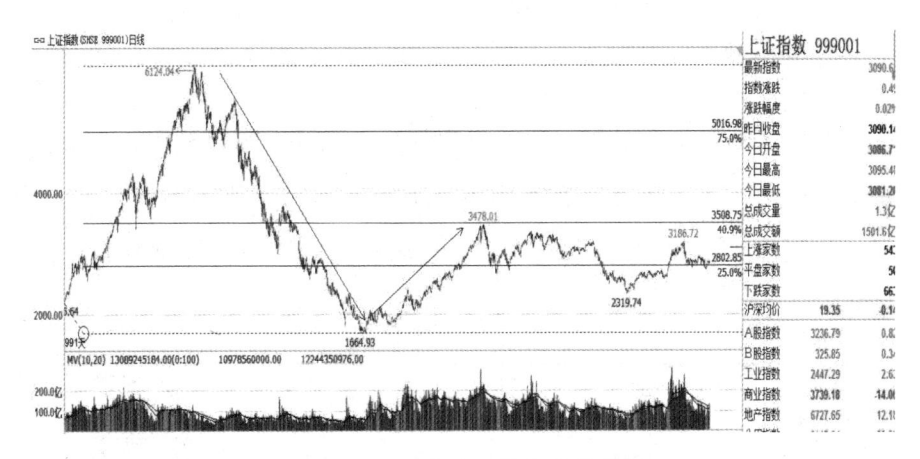

四万亿救市与上证指数走势图

2008 年戊子年 9 月 15 日开始，风雨飘摇中的华尔街在那几天中的黑暗不亚于地震，金融股和地产股的大崩盘，恐慌已经初具展开骨牌效应了，道琼斯指数和标普 500 指数已经进入了明显的大空头前期市场的新低点。

2000 年庚辰年 9 月 15 日开始纳斯达克大股灾。

1929年己巳年9月15日开始纳斯达克大股灾。

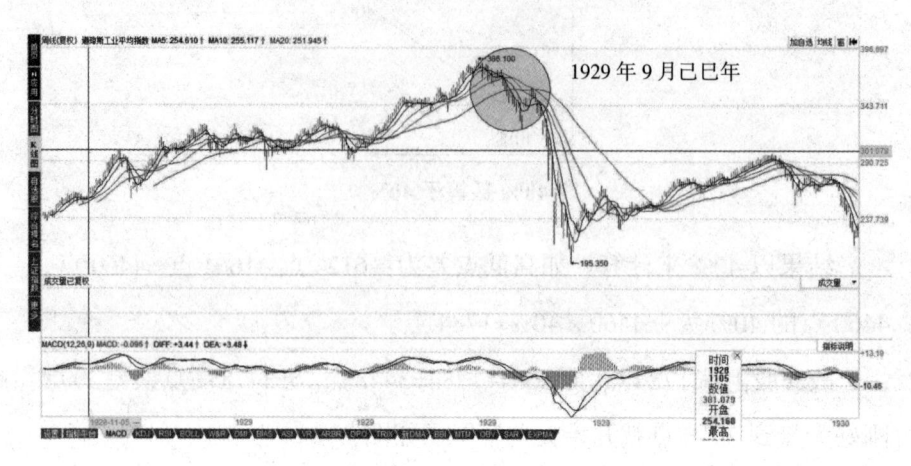

背离总论

背离又称背驰，是指当股票或指数在下跌或上涨过程中，不断创新低（高），而一些技术指标不跟随创新低（高），称为背离。

如图：2016年7月至2017年5月的棉花周线与指标MACD严重背离。

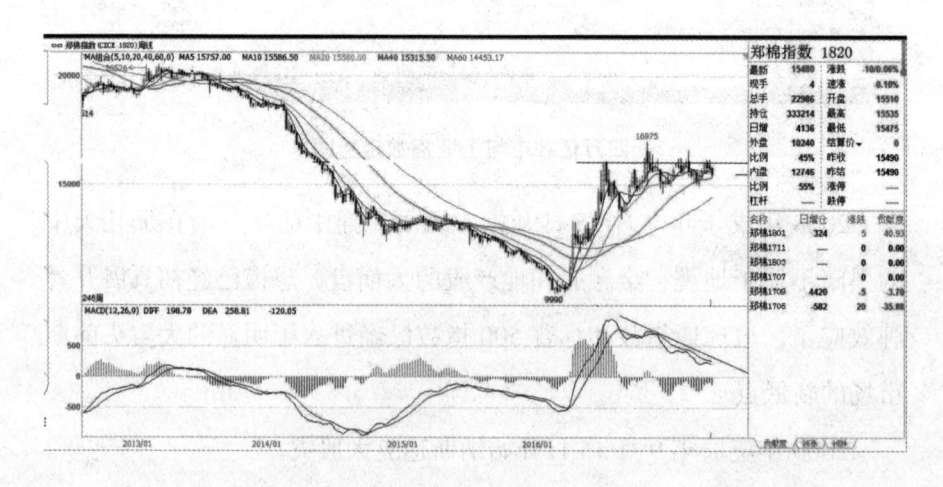

（1）背离的形式

通常分为顶背离和底背离。价格创新高而指标没有创新高为顶背离，价格创新低而指标没有创新低为底背离。

顶背离，意即升势放缓，指数或股价难再企稳于高位，甚至有机会掉头回落；若见此，投资者应趁早沽货。

通常指金融交易行业例如股票期货现货等金融行业行情软件内指标的背离，背离原因可分为以下几种：

①现有指标脱离原有的已知的指标轨迹，反常规。

②现有价格脱离原有的已知的价格轨迹，反常规。

③现有价格脱离原有的已知的指标轨迹，反常规。

④价格创新高或者新低而指标不创新高或者新低。

指标或者价格背离可能出现的结果：

行情价格虚高或者虚低，反弹或者回抽的可能性相当大，通常这个时候是投资者入市订货或者持仓的最佳时机。

（2）运用周线月线指标背离选股

在几乎所有的技术指标功效中，都有一种背离的功能，也就是预示市场走势即将见顶或者见底，其中 MACD、RSI 和 CCI 都有这种提示作用。投资者可以用这些指标的背离功能来预测头部的风险和底部的买入机会，但在选择的时间参数上应适当延长。由于日线存在着较多的骗线，一些技术指标会反复发出背离信号，使得其实用性不强，因此建议重点关注周线上的技术现象。

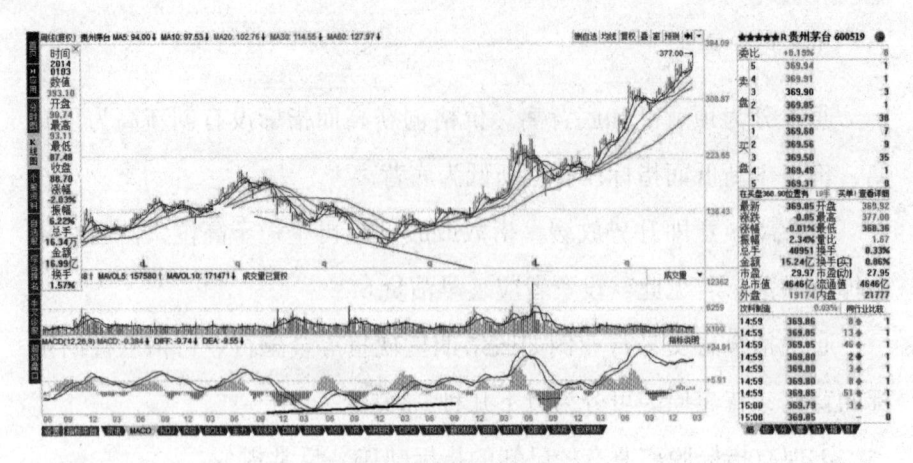

贵州茅台周线背离图

月线背离形成后，以月记录的收益相当可观。下面是玉米17个月的下跌趋势图。

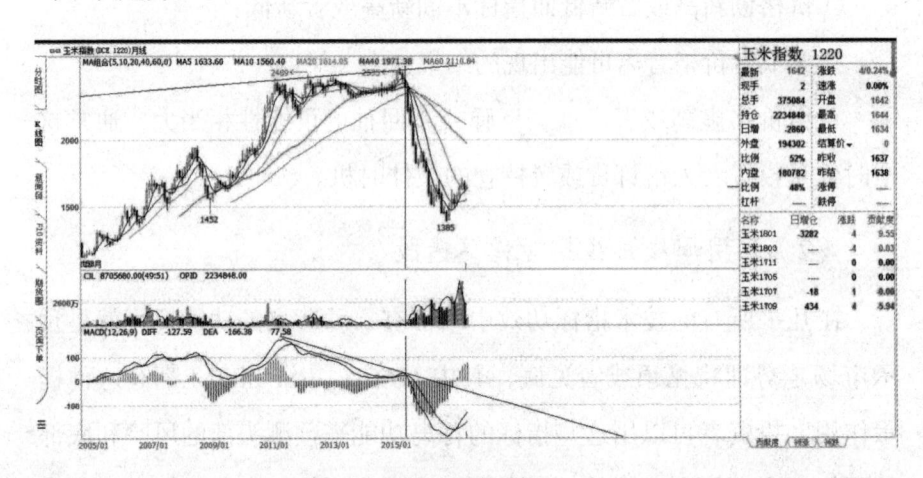

玉米月线背离图

背离不显著型如图：

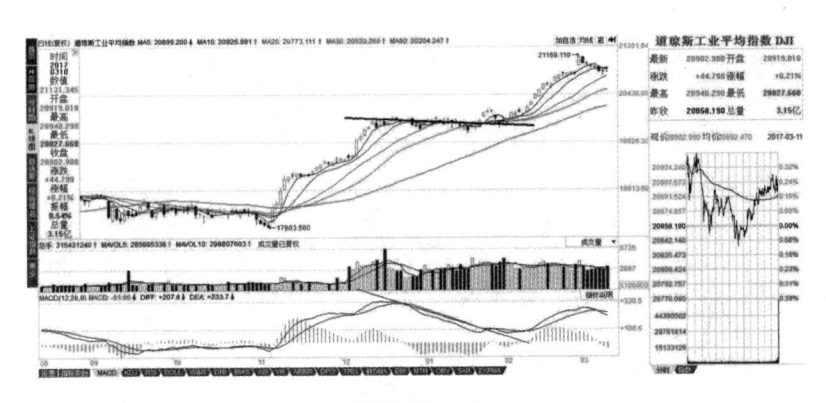

道琼斯指数图

背离显著型如图：

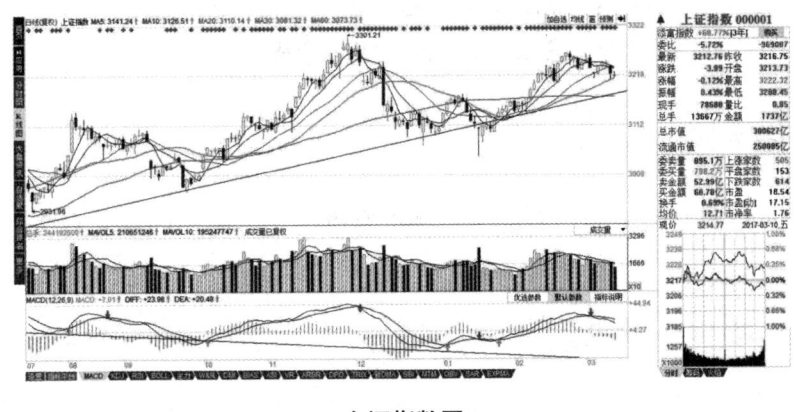

上证指数图

（3）乖离和背离的区别

乖离，具体是指收盘价格（或指数，下略）与某一移动平均价格的差距，而乖离率则用以表征这种差距的程度。

背离，是指当股票或指数在下跌或上涨过程中，不断创新低（高），而一些技术指标不跟随创新低（高）。

趋势的周期性

趋势就是周期，世界上任何事物都是周期的叠加。

美国美豆期货 3 或 4 年就是一个周期。如图：

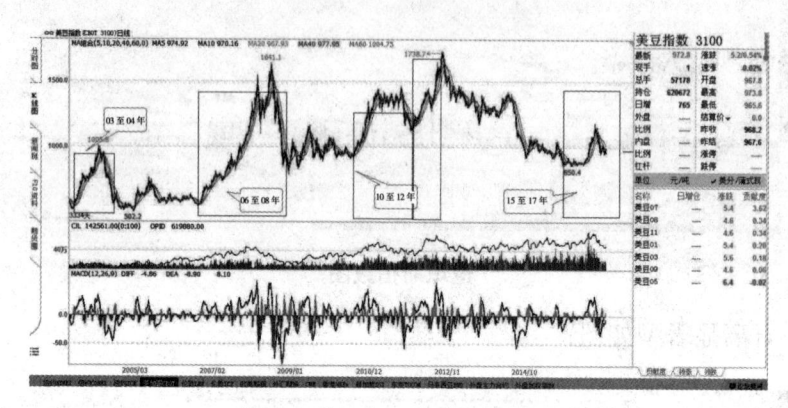

美豆 3 或 4 年一个周期走势图

趋势机会的稀缺性

大宗商品的机会，有的一年都没有机会，有的三四年才有机会，有的甚至十到二十年机会才来临。

豆粕 4 年一次机会，如图：

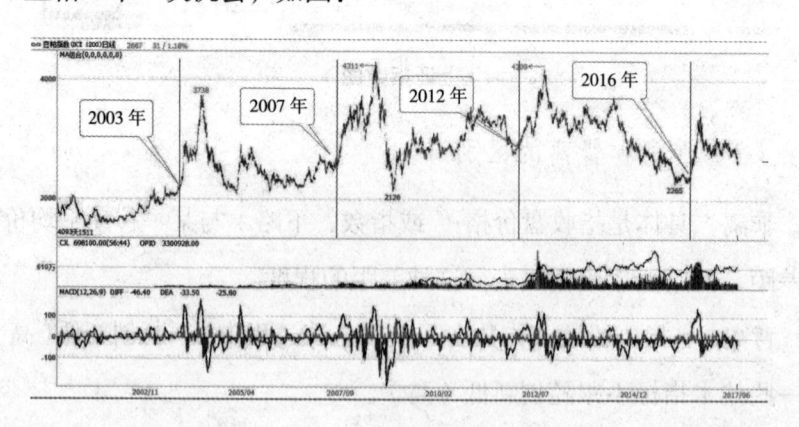

2003年、2007年、2012年、2016年平均四年来一波上涨，机会四年一次。

棉花10年一次机会图如图：

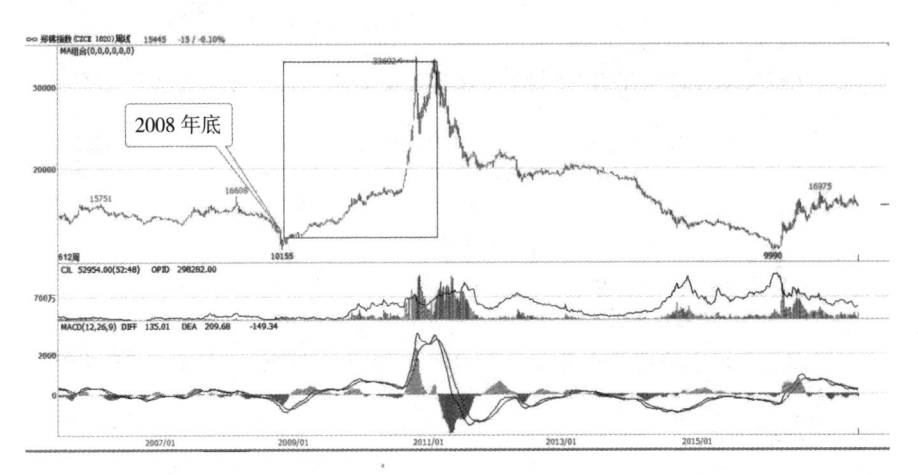

从2005年到2016年，十多年来只有2008年底开始有一次大涨的机会。

趋势永远是朋友

最高价和最低价确认趋势，标准的上升趋势是指一系列较高的高点和较高的低点，每个相对高点都高于前面的高点，而每个相对低点也都高于前面的低点。从这种意义上说，在未跌至前一个低点之前，这一上升趋势是完整的，否则，趋势可能结束。趋势在反转前，永远是你的朋友。

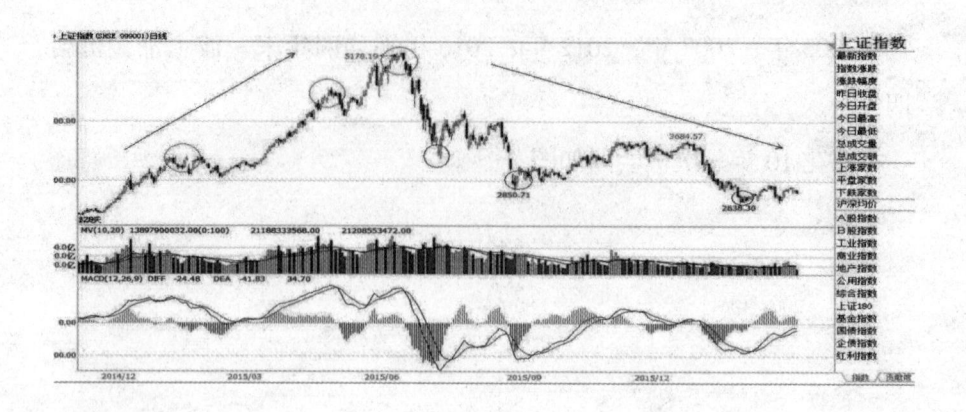

趋势是波段的组合

下图是玉米 2015 年 5 月至 2016 年 9 月周线图，五浪下跌趋势，从 2535 点跌至 1385 点。

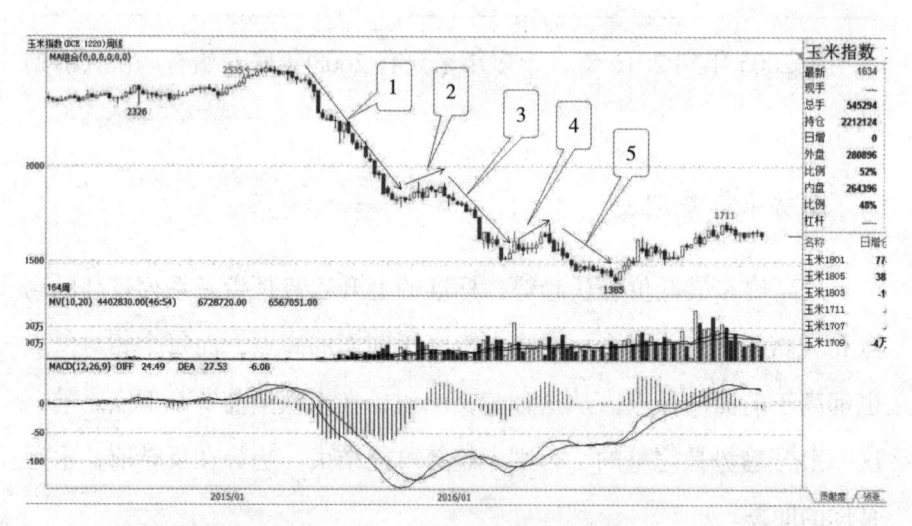

偏激趋势线，平滑趋势线，贴身趋势线

偏激趋势线的画法特征是极高的连线和极低点连线。极高点和极低点由市场疯狂造成，这些点不一定表示市场中占主导地位。如下图A线。

平滑趋势线的画法特征是排除极高点和极低点，以最多的相对高点和相对低点连线而成。可以适当参与股市的调整。如下图B线。

贴身趋势线的画法特征是紧紧贴近股价走势，以日K线开盘价和收盘价连线而成。目的是基本不参与股市调整。如下图C线。

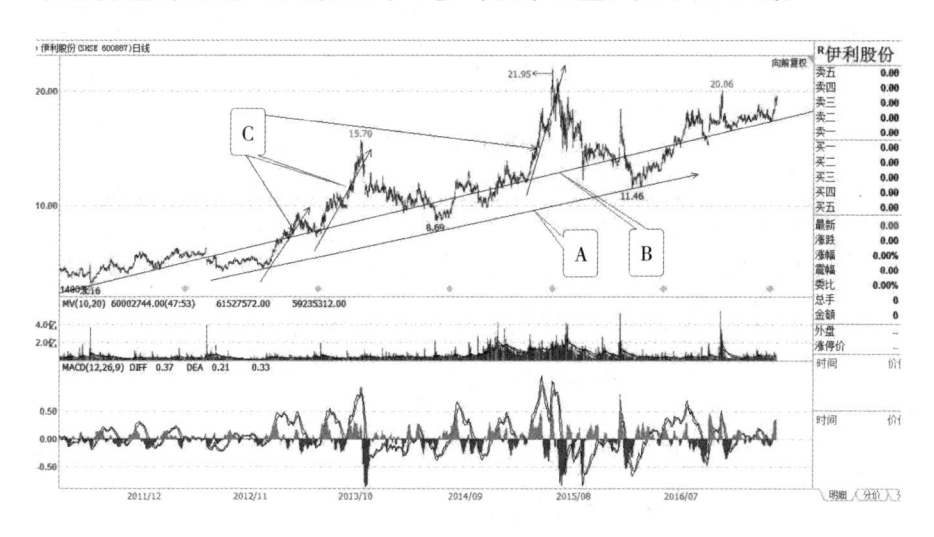

每一次交易都要当成大趋势做

能不能在市场上赚到大钱，要看心胸和格局，把每次交易都当成大趋势来做，如果你是杯子，那下点小雨就满了，到暴雨来时，你才得到一杯水。如果你是池塘，那下点毛毛雨是不管用的，而暴雨来时，装满就是暴利。所以，把每一次交易，都要当成大趋势做。除非趋势在最后转变了方向，否则它始终是你的朋友。

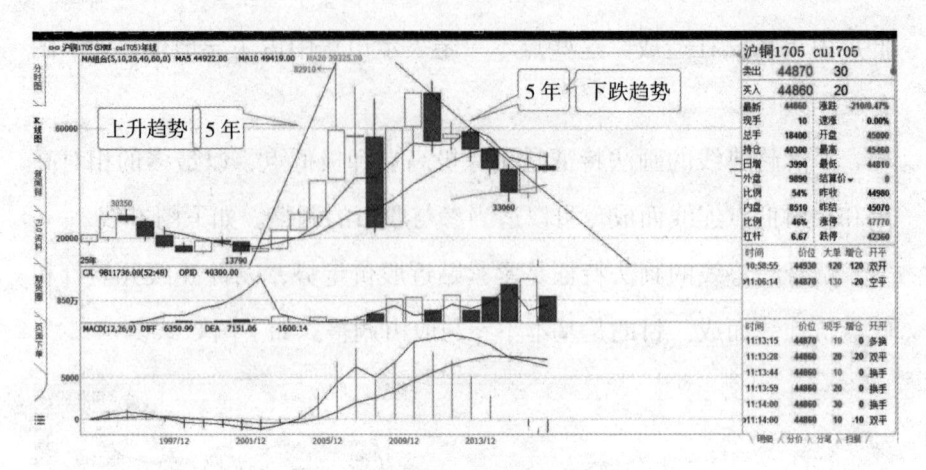

沪铜五年趋势图

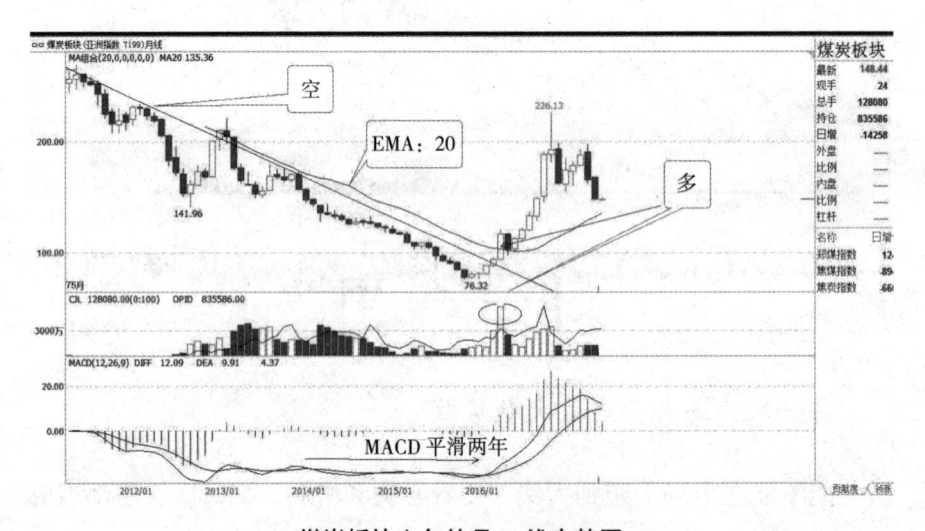

煤炭板块六年的月 K 线走势图

上图是 2011 年 4 月至 2017 年 5 月的月 K 线走势图，从 2011 年 4 月到 2015 年 12 月下跌的 57 个月中，有 43 个阴线，14 个阳线，期初价 253，期末价 80，行情直到 2016 年 4 月伴随着巨大的成交量，和上穿 20 月移动平均线及趋势线，由空头转入多头。

减停倒三个字判断底部

如何判断底部呢？底部意味着是转折点，底部买入做多，标的物是亏钱的跌破成本线下的品种，通常底部用三个字判断，减就是亏钱了减产；停是指继续亏钱受不了了，就停产了；倒是指再持续亏钱，还是不涨，最后倒闭。倒闭供应极度下滑，供不应求，国家也受不了了，放水给政策，再伴随着宏观面开始转好，这基本上就到底部了，就要转折了，物极必反。

天灾对股指的影响

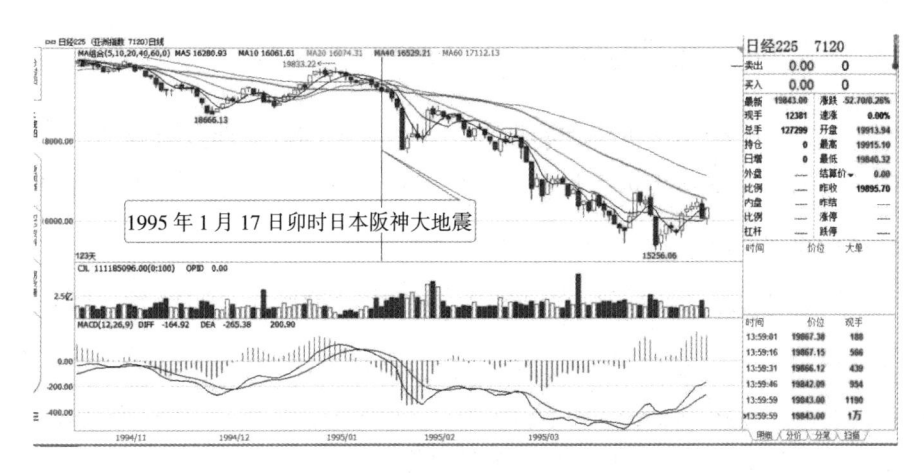

1995年阪神大地震日经225走势图

阪神地震后，日经指数市场一直下跌。

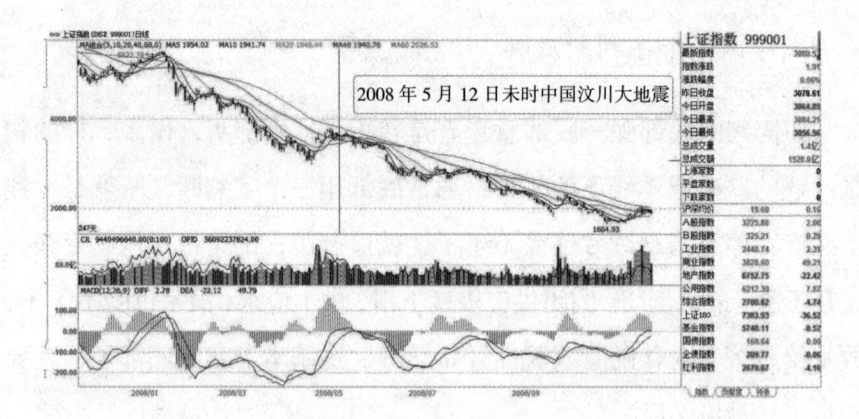

2008年汶川大地震上证指数走势图

汶川地震后，上证指数一路下跌。

股票与房地产30年趋势

房地产市场化通常一个周期为三年。房地产行业拥有能带动产业链上下游多个行业发展的特性，是经济重要支柱产业之一，也是维稳经济的重要手段。

回顾历史，房地产行业确实波澜起伏。2009年、2012年、2015年为波谷。

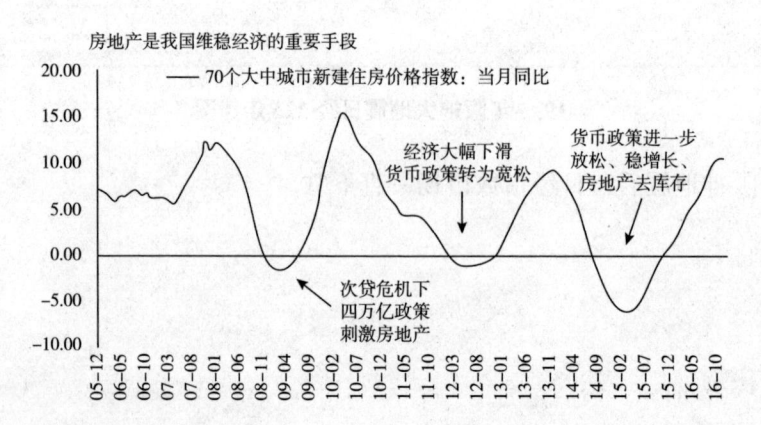

上证指数三年一个周期的变化图：

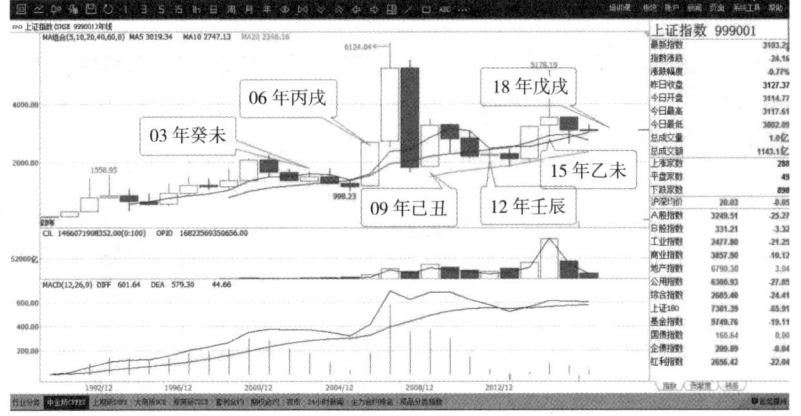

从年线看上证指数三年一个周期走势，2003年、2006年、2009年、2012年、2015年都为阳线。

突破特征内在逻辑的辩证关系

向上突破状态为增量增仓，行情持续，做多的时间就会长久，能量充足。如图：

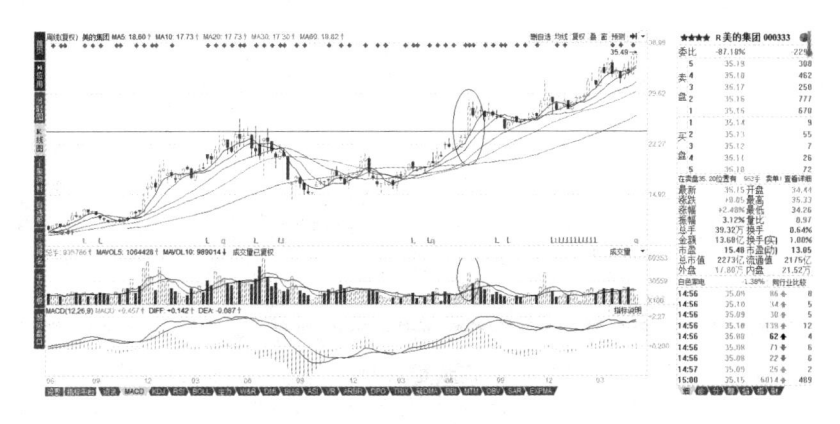

上涨量增图

向上未能突破状态为减量减仓，行情不持续，上涨的时间相对不长久，此时应见好就收，因能量不足。如图：

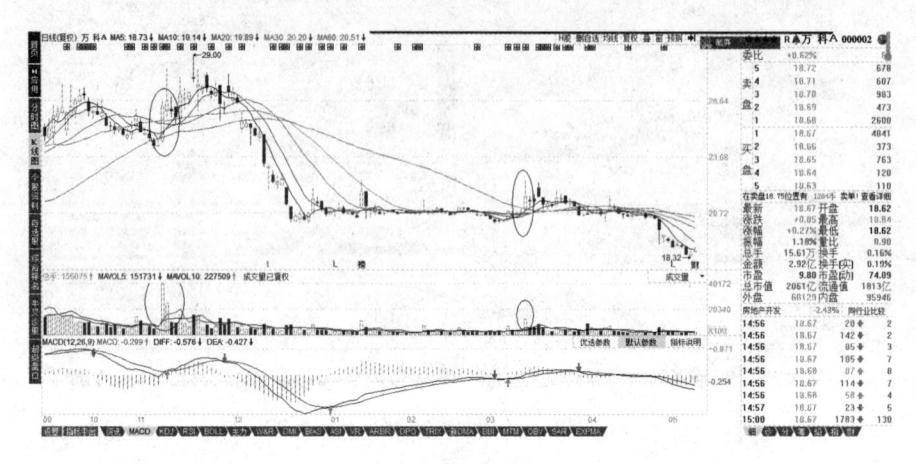

上涨量减图

向下见底状态为下跌流畅，且减仓量缩，底部就快要到了。能量已经差不多泄完。如图：

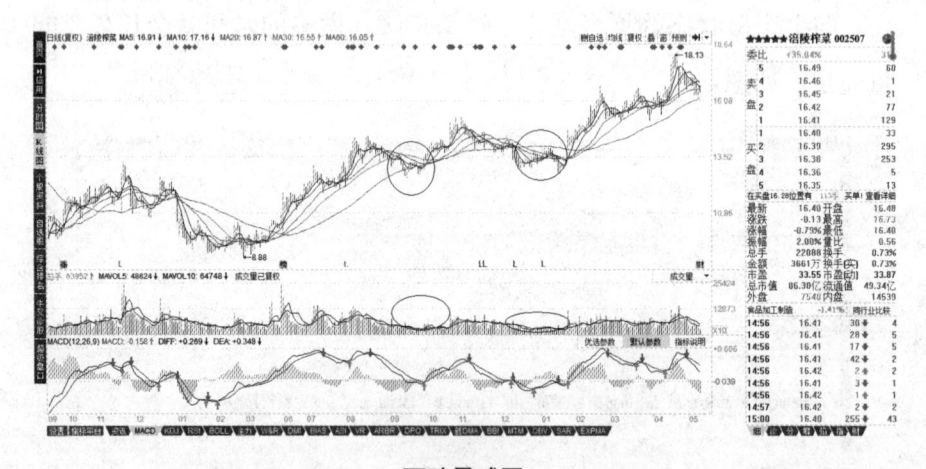

下跌量减图

向下没见底状态为下跌不流畅，还增量增仓，说明震荡还要继续，后期还会继续下跌，能量还没泄完。如图：

下跌量增图

操作体系三段论

三段论图

①萌芽阶段：少量仓位试探，若失败，则止损，以比较小的代价出击。若趋势展开，判断正确，就进入第二步。

②展开阶段：以浮盈的利润打底来扩仓，并没有放大风险，筹码也能拿住。止盈保护点不断往上抬。

③冲刺阶段：节奏快，获利也快，急升的市场状态，有底仓和浮盈在手，若升的速度节奏有变化，或戛然而止，此时要非常敏感，就得落袋为安了。

一战定乾坤的决定性交易

趋势的魅力是伟大的，趋势一旦形成，能做好一波趋势行情，一战定江山，一次交易就抵得上几年的交易收益，如果某年抓住一波大行情，一辈子都不用再去挣钱了。即使十年等一次机会都行，只要机会来了，就全力以赴，战胜它取得最后的成功。平时就像打游击，不要轻易出击。如2009年初，农民出身的付海棠先生，因和一些种棉花的朋友一起吃饭，得知棉花减产，价格严重低于成本价，就用5万元买入做多，在涨势中持有18个月，最后收入1.2亿元。

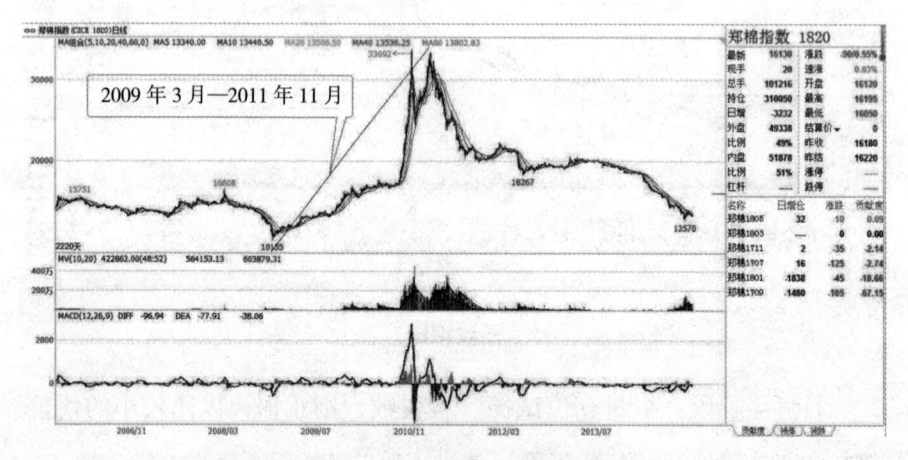

棉花最大涨势图：2009年3月—2010年11月

用商业贸易逻辑思维去做大宗商品期货

"期"是一个时间概念,期货就是对未来收益产生影响的一切行为,包括作为与不作为。如读书、大学、专业、毕业公司、职业、健康、移民、交友、投资、止盈、止损等一切行为。从广义角度来说,人生无处不期货。

期货、现货都是贸易的一种形式,用商业贸易逻辑去思维期货,这是最大的法,如鸡饲料涨了,鸡蛋将会涨;螺纹钢现货库存小了,价格太高了,期货也得涨上来;如果大家都在抛售,价格下来了,期货也将追随现货补跌。贸易短期是由供需决定的,长期是由成本决定的,主要是围绕着这两条主线,最直观的是现货和期货的价差,有时候现货不涨,期货涨了,有时候期货不涨,现货涨了,通过这种不合理性的价差又加上联动性不强来判断,再参考库存、生产量大小等。

我们在找交易品种时,就是要找亏钱的或现货价太高的,当价格跌到成本线或卖的太高了时,机会就来了。

还要注意,供给决定了行情的底部在哪儿,需求决定了行情的顶部在哪儿,二者之间有一个出现变化,只能证明是一个区间行情,二者同时达到共振,才能产生大行情。

如难得一见的 2014 年沽空棉花,如图:2014 年年初现货才 14000 元左右,期货还在 20000 元以上,利用期现差,沽空期货。

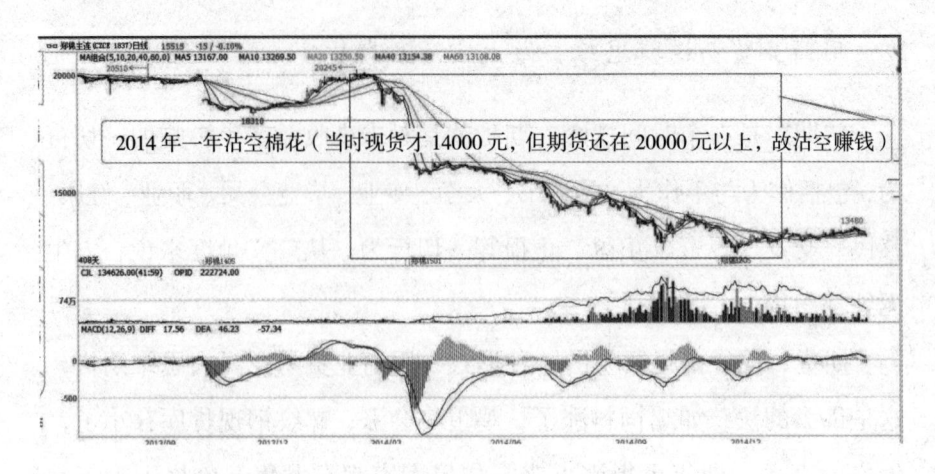

K 线走势由品种内在规律反应

任何形态都是多空双方博弈的反映,资金面和基本面都在形态中反映,形态反映一切,形态是表象,外在表现是内在的反映,把握形态,突破点进入。

商品将会是第四类资产配置

基本面参考用于配资,人们通常投资不外乎债券、证券、房地产,大宗商品是第四个资产配置的类别。大宗商品和房子的特性差不多,持有大宗商品也是现货,房子也是现货,理论上类似,实实在在持有的是实物。当大宗商品跌破成本价格时,完全可以买入持有,如镍 2007 年 3 月每吨 48 万元,2016 年 3 月都跌到每吨 8 万元,等于打了两折水平。未来,大宗商品都将是国际化,可以进行资产配置,美元走向国际是通过石油,人民币走向国际大宗商品就是很好的一个载体,某些大宗商品单一品种单日成交额都超过沪深两市的总成交额,世界上就是钱多,国内外投资者都在配置。

期货中农产品的机会最大,为什么?所谓机会就是它的周期短,农产品1年1个周期,不像其他品种,像有色、油脂都是五六年、七八年一个周期,像这样的行情如果错过了,想要赚回来挺难,可能需要再去熬十年,有色金属铜从八万多元回到了一万多元,又冲到了五万多元,其过程五六年时间,一般人是熬不了的。但是农产品周期特别明显,一个周期错过了可以等明年的周期,有大周期小周期,每年的小周期按季节,豆子种下去有天气变化风吹草动,价格涨些,快收割时候产量确定了,市场又开始跌一点,这是小周期。根据不同年景还有大周期,所以期货中好些是做农产品发家的。

行情最终还得追随现货而去

期货是现货的一种表现形式,现货带动期货走,期货价格是现货价格的一种反应,做期货和做现货的规律一模一样,无论你做得再大,你的能力再强,股指期货也不会被操控,如果现货发生情况,期货还是必须跟着现货走的。如日本1995年阪神地震后,日经指数一直下跌。若有人试图靠一己之力改变它,那都是痴心妄想。

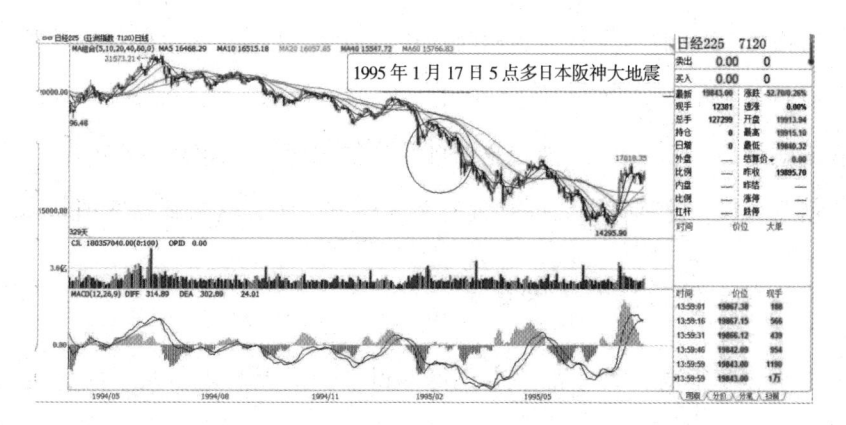

在1995年2月27日，英国具有233年历史的巴林银行倒闭。消息传出，立即在亚洲、欧洲和美洲地区的金融界引起一连串剧烈的波动。英镑对马克的汇率跌至近两年最低点，伦敦股市也出现暴跌，纽约道琼斯指数下降了29个百分点。令人震惊的是，普通的证券交易员尼克·李森在1989年加盟巴林银行，1992年被派往新加坡，成为巴林银行新加坡期货公司总经理。而尼克·李森搞垮巴林银行的事发地也正是在新加坡。1995年仅28岁，在未经授权的情况下，他以银行的名义认购了价值70亿美元的日本股票指数期货，并以买空的做法在日本期货市场买进了价值200亿美元的短期利率债券。如果这几笔交易成功，李森将会从中获得巨大的收益，但阪神地震后，日经指数市场一直下跌，导致巨大的亏损。

对冲风险的实值和虚值期权

首先要明白到期日价值的概念，到期日价值就是到期时可以获得的净收入。实值期权和虚值期权简单地说就是假定当前就是期权的到期日，看到期日价值与0的关系。比如一个股票目前市价10元，你有一个执行价格为12的看涨期权，也就是说可以以12元买入这个股票的权利，假设目前到期，你肯定不会行权的，因为市价10元，如果买，你获得收入就是10-12=-2元，所以这时就是虚值状态。如果执行价格为8元，你就会行权，这样你可以赚两元（不考虑成本），这时就是实值状态。

为什么做股票的风险更大

市盈率很高，大家都知道高得不得了，但无奈还得买，因为A股没有做空机制，此时，企业又玩花样，以资产在高溢价下的资产注入。

举个例子：市场上只有甲、乙两个人在卖烧饼，每个烧饼卖一元钱就可以保本（包括他们的劳动力价值），并且他们的烧饼数量一样多。

这个时候的市场不活跃。

甲、乙决定玩一个游戏。

甲花一元钱买乙一个烧饼，乙也花一元钱买甲一个烧饼，现金交付。

甲再花两元钱买乙一个烧饼，乙也花两元钱买甲一个烧饼，现金交付。

甲再花三元钱买乙一个烧饼，乙也花三元钱买甲一个烧饼，现金交付……

于是整个市场烧饼的价格飞涨，不一会儿就涨到了每个烧饼60元。但只要甲和乙手上的烧饼数一样，那么谁都没有赚钱，谁也没有亏钱，但是他们重估以后的资产"增值"了！甲和乙拥有高出过去很多倍的"财富"，他们身家提高了很多，"市值"增加了很多。

这个时候有路人丙，一个小时前路过的时候知道烧饼是一元一个，现在发现是60元一个，他很惊讶。一个小时后，路人丙发现烧饼已经是100元一个，他更惊讶了。又过了一个小时，路人丙发现烧饼已经是120元一个了，他毫不犹豫地买了一个，因为他是个投资兼投机家，他确信烧饼价格还会涨，价格上还有上升空间，并且有人给出了超过200元的"目标价"。在股票市场中，路人丙就是股民，给出目标价的人被称作研究员。

在烧饼甲、烧饼乙和路人丙"赚钱"的示范效应下，接下来买烧饼的路人越来越多,参与买卖的人也越来越多。烧饼价格节节攀升,所有的人都非常高兴。这个时候,你可以想见,甲和乙谁手上的烧饼少,即谁的资产少,谁就真正赚钱了;参与购买的人,谁手上没烧饼了,谁也就真正赚钱了!而且卖了的人都很后悔——因为烧饼价格还在飞快地涨。烧饼显然比现金好,现金存进银行而获得的利息太少了,根本比不上价格飞涨的烧饼,甚至大家一致认为市场上烧饼供不应求,可不可以买烧饼期货啊?于是出现了认购权证。

有人问了:买烧饼永远不会亏钱吗?哪一天大家会亏钱呢?

比如市场上来了物价部门,他们认为烧饼的定价应该是每个一元——监管出现;也可能是市场出现了很多做烧饼的,而且价格就是每个一元——同样题材的股票出现;或者市场出现了很多可供玩这种游戏的商品——不同发行商出现;抑或是大家突然发现这不过是个烧饼——价值发现;也许是没有人再愿意玩互相买卖的游戏了——真相大白。

有烧饼的人就亏钱了!这个卖烧饼的故事非常简单,人人都觉得高价买烧饼的人是傻瓜,但当我们再回首证券市场,这个市场的某些所谓资产重估、资产注入何尝不是如此?市盈率高企,在高溢价下的资产注入和买卖烧饼的原理其实一样。

面对在高市盈率下的资产注入尤其是借壳上市、增发购买大股东的资产等等情况时,一定要把眼睛擦亮再擦亮,投资行为慎重再慎重。因为,你很可能成为一个持有高价烧饼的路人。

成交量与持仓量，失控与变盘

成交量与持仓量失控是投机极度之时，预示着物极必反，变盘到来，当然，变盘不是一蹴而就的。这时政策警告，开始降杠杆、提高保证金，市场虽然还要上冲，但这是回光返照，往往说明行情已经到了尾声，人性此时都是赤裸裸的贪婪，这就是疯狂时要胆小的原因。

成交量与持仓量的关系如下：

第一，只有当新的买入者和卖出者同时入市时，持仓量才会增加，同时成交量增加。

第二，当买卖双方有一方做平仓交易时（即换手），持仓量不变，但成交量增加。

第三，当买卖双方均为原交易者，双方均为平仓时，持仓量下降，成交量增加。

气候预期和实际不符对市场的影响

气候的预期和实际不符时对市场会有相当大的影响，去产地调研，天气和自然灾害对产业的影响不可忽视。如泰国是世界上最大的天然橡胶出口国，占全球橡胶出口总量近40%。泰国将近三分之二的橡胶园就在南部。2005年11月，罕见的泰国连续暴雨，影响收成，橡胶大涨。

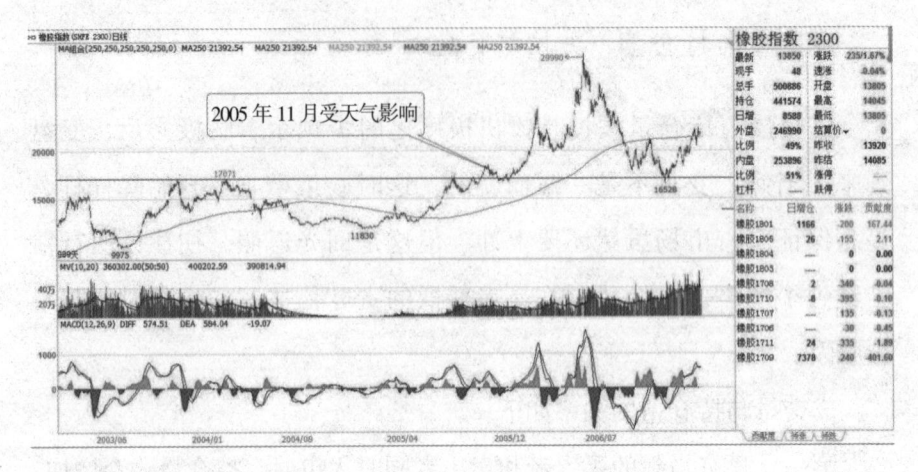

据泰国《世界日报》报道，先是旱灾，后是水灾，泰国南部近来接连遭受自然灾害侵袭，30年一遇的严重水灾，对该地区的橡胶生产造成严重破坏，当地胶农损失惨重。东南亚橡胶2016年大幅减产，故2016年橡胶上涨幅度很大。

证券市场不能解决价格发现

证券市场是解决融资的，但不能体现价格发现，只有期货市场或衍生品市场，通过它内在的交易机制和交易的逻辑，能够价格发现。期货市场是芝加哥的农民发现的，是真正来源于实践，而不是顶层设计出来的。期货市场或衍生品市场是国家的核心竞争力之一。如近期人民币对美元的比价出现下跌的趋势，对于出口金融的企业来讲，如何规避汇率市场的风险，只有期货市场或衍生品市场能够提供规避风险的路径。

形态与相

形态就是相，相，象也。孔子曰："圣人立象以尽意。"股者，意也。意以象立，《易经》就是立象寓意的，为群经之首，大道之源。应用形态分析法观察事物与自然宇宙万象及股票趋势运行等，往往一针见血，直指心性，从而形成了特有的模式和中国股学的数理逻辑的思维方法。

"意"，拆字成"立曰心"。即立于心，根于心，用心也。中国讲心想，外国讲脑想，心受影响后，心机紊乱，心就不能给大脑供养分，脑就不能想了，脑根源于心，心决定于脑，脑为灯泡，心为电源，故健脑重在调心。

周易讲易者变也，变者辨也。《周易·系辞》云："易无思也，无为也，寂然不动，感而遂通天下之故。"有诸于内必形诸于外。内心喜，脸上就乐呵。这个道理显而易见。

"有诸于内必形于诸外"就如中医把脉、看舌相，参卦相，和合五运六气、九州八方之时空来看病都是基于这个理，同样，股票通过K线和趋势图及基本面就可洞彻其玄机。

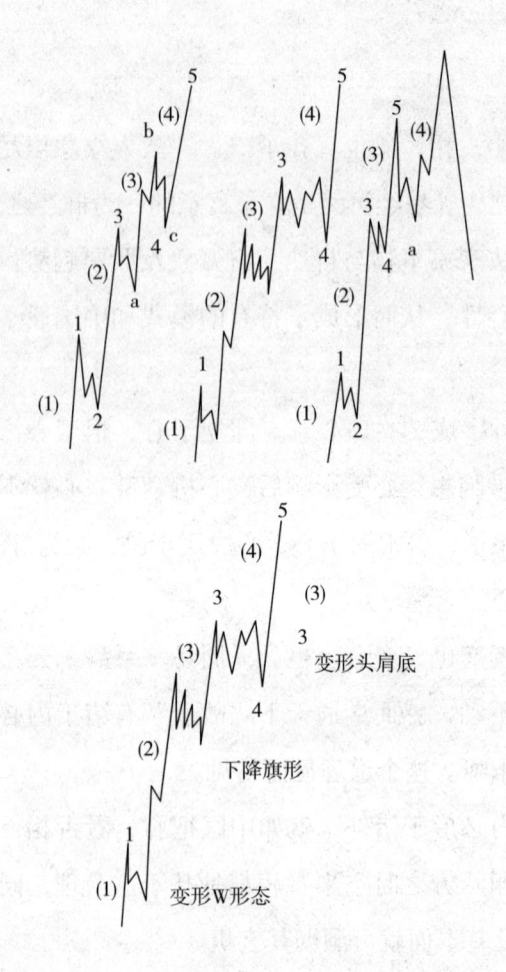

定海神针的 V 型底

真技术门派的三句修道箴言：从历史中总结规律，从规律中提炼逻辑，从逻辑中塑造信仰。重温历史，绝不是为了研究而研究，而是为了总结规律、提炼逻辑、学以致用、知行合一。举例：定海神针重出江湖。

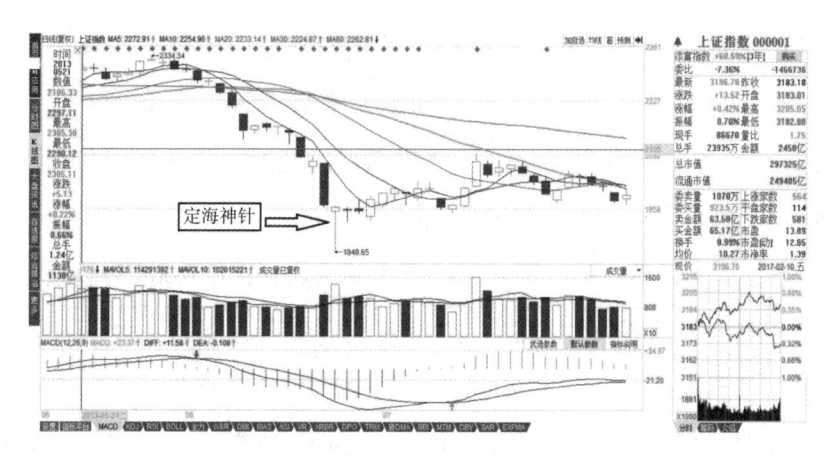

突破下降趋势线，不要轻易做空

突破下降趋势线，一根大阳线，在大阳线三分之二以上洗盘时，阳势仍在，上涨的能量还在，不要轻易做空，如上图沪铜周线走势图。

七个月的十字星

当金融市场与现实逻辑产生偏差时，就出现了泡沫，于是就有了投机行为，那么，泡沫是否可以预知和防范呢？答案是肯定的，可以预知可以防范，可以把握机会。我们常说山雨欲来风满楼、见微知著。有时炒股把握好三天很重要，只看三天，十个三天就是一个月，120个三天就是一年。所以进场点的把握往往是成功和失败的关键点。

事物都不是孤立的，都有千丝万缕的关联，比如2008年美联储于世界金融危机前不断地降息。2008年美联储降息过程、时间和降息幅度：美国联邦基金利率2008年1月22日75基点3.50%，2008年1月31日50基点3.00%，2008年3月19日75基点2.25%，2008年5月1日25基点2.0%，2008年10月8日50基点1.5%，2008年10月29日50基点1.0%，由于英国还没有意识到这个问题，还在继续的加息，反应迟钝，致使英镑汇率价格七个月停顿基本没变化，K线表现为十字星，最后导致大崩盘，大跌七个月，汇率从2.0左右跌到1.35左右，将近6000多个点，比退欧跌得惨多了。有时，金融市场的价格不一定是对的，市场和逻辑有一定错误的，这就产生了泡沫。可见，泡沫是可以预知的，而且是可以防范的。

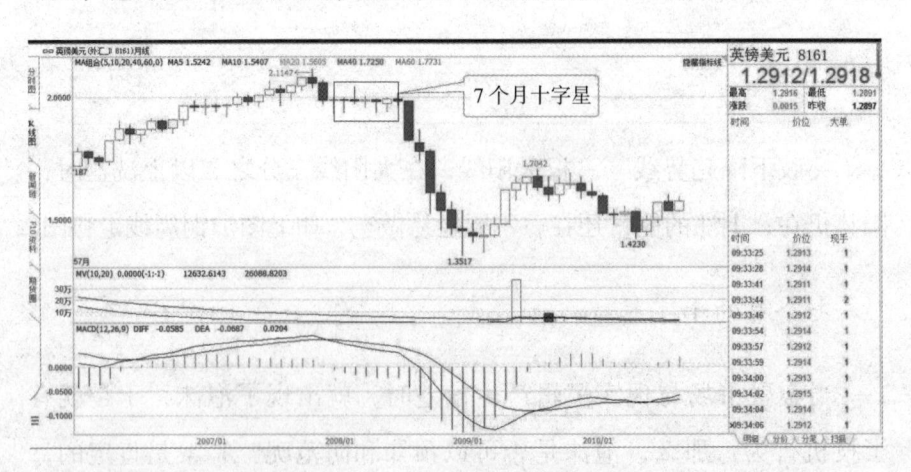

股风人气与拐点

股市有风,就出海,就去航行,否则就休息。市场有春夏秋冬,有人气就是阳气生发,人气旺衰就如四季,有春夏秋冬的特性,天时地利加上人气,国家不断出利好,市场不断出现热点板块,赚钱效应不断提升,就是机会来了。人气极度旺或低时,就会物极必反,出现拐点,股市的风向标就是入场的征象。抓住时机,合理进退。

股价是供需关系决定的,买的多人气旺,人都不买了人气弱,如2001年国有股减持,一下子有大量的国有股供应,它们甚至是几毛钱的原始股,要到市场上几十块钱卖,当然就造成恐慌,股市就开始一直跌,后来被搁置不提,至2004年又提要解决股权分置问题,结果,股市跌倒998点。

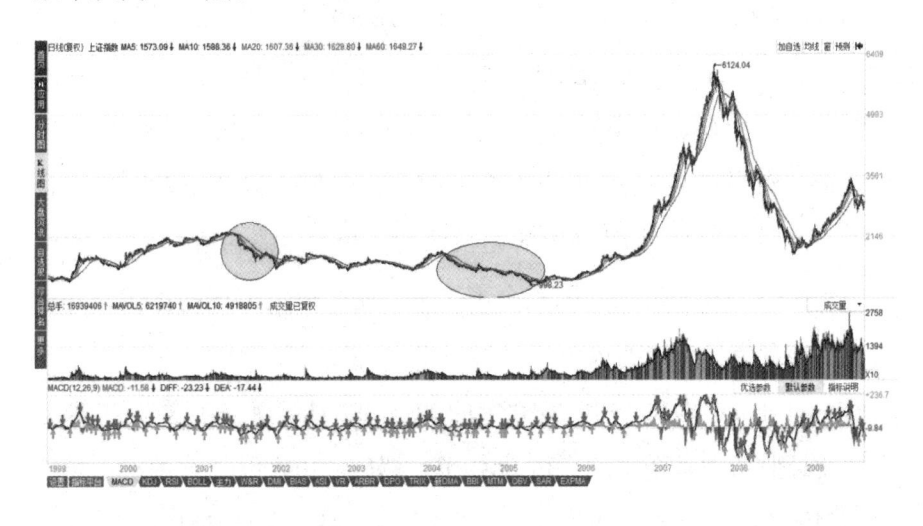

外应在股市中的表现

股市中有好多现象,如丁蟹效应(又称"秋官效应",是股票市场的一个奇特现象，指的是从郑少秋于1992年在《大时代》中饰演丁蟹开始，凡是播出由郑少秋主演的电视剧、电影等，恒生指数或A股均有不同程度下跌，股民损失惨重的现象）。

如419效应，即每逢4月19日左右股市有大跌现象，这可能和节气有关，4月19日至20日左右，是谷雨节气，2019年4月19日，A股又遇到"419魔咒"，19日这天A股大涨了，结果后一天大跌。真是躲得了初一，躲不过十五。历史上的419魔咒，前后一天都得算上。

又如基金88效应。对于"基金88效应"的定义是：当股票基金的仓位水平达到88%左右的时候，A股市场往往会出现大跌，基金仓位成了股市的"反向指标"。基金的仓位水平达到88%，股市将要进入调整。2009年的7月29日，A股市场创出阶段新高后，上证指数大跌了5%。当时市场上统计二季报基金仓位的时候，发现开放式股票型基金平均仓位阶段创新高，达到了88%。当时媒体回看2007年的行情，在当年A股6000点左右的时候，开放式股票型基金平均仓位也是88%左右。当时分析的逻辑认为，当股票基金仓位达到88%这一水平时，基金可加仓的资金不多了，便会招致市场的担忧，并多次成为预示市场见顶的风向标。

2009年11月24日和2010年的11月12日，都是有券商报告分析或统计股票型基金平均仓位88%了，然后股市大跌，这两次市场跌幅都很大，一次是上证指数大跌3.5%左右，另一次是暴跌5.16%。

2019年基金一季报数据，股票型基金的平均股票仓位从85.2%提升到88.6%，回到88%以上了。

如下图：2019 年，4 月下旬至 5 月初，股市跳水。

关键点入场

关键价位是关键点，即灵机点，灵机一动，计上心来。关键点往往是趋势形成开始点或趋势确立的发力点。任何资本市场包括股市、期市和汇市，都是由市场重心决定大波动趋势的方向。金融市场最关键的就是测试市场重心来理解大趋势变化，正是因为对市场重心计算的形成，才有了趋势派最终对基本面派在胜算上高出一筹的地位。

这个关键的时间点和股价的增值大波动的关系，我用飞机起飞来作比喻。当一架飞机在机场跑道的一端开始滑行并不断加速，等到气流和抬力结合点上的加速度形成了最终托起飞机重量的动力形成，那就是飞机冲霄而起的时候，这就是应该买入的关键点。

交易每一个股票和期货品种的时候，都要先找到这个临界点，在没有临界点形成之前，不要学中国巴菲特们提早先跳进参与市场那份内心的煎熬，而是停留在手上保留足够的现金。我们要的就是最强势的股票，而不是最便宜价格最低的股票。在交易任何一个品种的时候，应该始终坚持所有买入的仓位都必须是红色的，不能出现绿色；而应该加码买入的仓位也一定是只把资金洒向盈利中的正确仓位。

把绿色的仓位卖出停损，不会在任何一笔资金上允许出现亏损超过 3%～5%，这就意味着必须避免很多条件不够和没有把握的交易。当所有的条件均指向正确，而仓位也的确出现了盈利，则接下来就尽可能把红色的仓位盈利扩大化。因为这样的规定，在过去 16 年中，我一次次避免了第二天突发事件发生所带来的灾难。在任何时候，投资股票都不能在股价下跌的时候持有仓位。

今天，那就是真正最终能够在市场上活下来做大做强做精做到专业的，他必定是有所为和有所不为，那完全不是他有没有资金的问题，而是纪律要求。

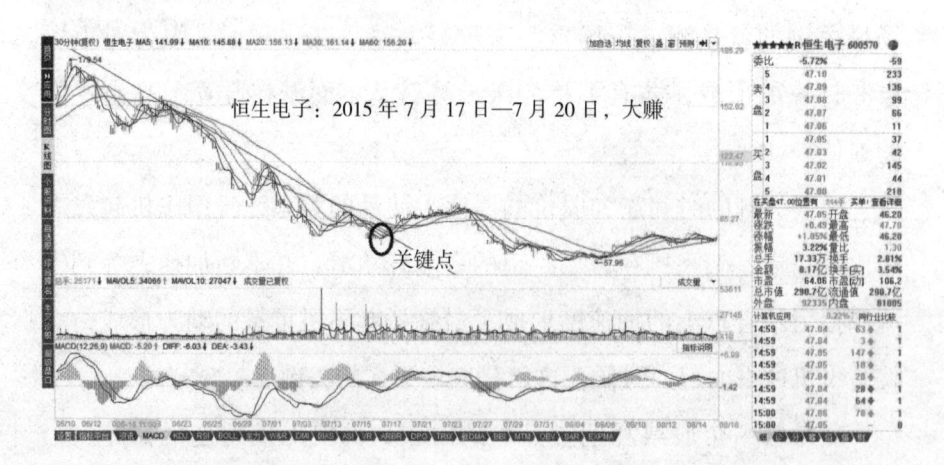

恒生电子：2015 年 7 月 17 日—7 月 20 日，大赚

关键点

关键点 1、2、3、4 都是买入点

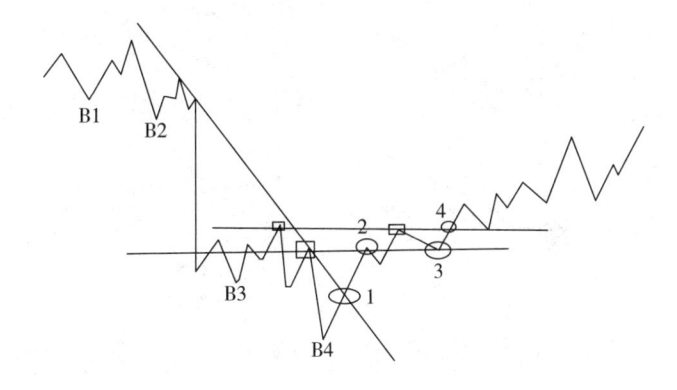

关键点需要耐心等待

《狼图腾》里讲到狼抓黄羊有绝招。在白天，一只狼盯上一只黄羊，先不动它。一到天黑，黄羊就会找一个背风草厚的地方卧下睡觉。这会儿狼也抓不住它，黄羊身子睡了，可它的鼻子耳朵不睡，稍有动静，黄羊蹦起来就跑，狼也追不上。一晚上狼就是不动手，趴在不远的地方死等，等一夜，等到天白了，黄羊憋了一夜尿，尿脖憋胀了，狼瞅准机会就冲上去猛追。黄羊跑起来撒不出尿，跑不了多远尿脖就颠破了，后腿抽筋，就跑不动了。

关键点与节气（太阳和太阴）

天人合一，天股合一，股道即天道，也是有其规律性，至就是事物到达极点的意思。夏至是太阳，冬至是太阴。夏至和冬至是事物发展到极致的意思。

春分 3月20日

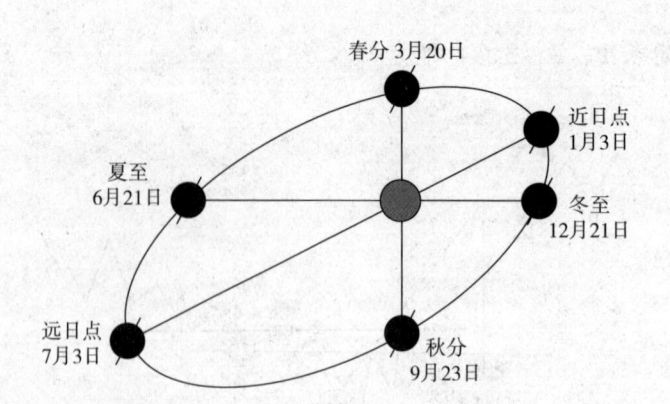

近日点 1月3日

夏至 6月21日

冬至 12月21日

远日点 7月3日

秋分 9月23日

2023年5月股市开始跌跌不休，五穷六绝七翻身，即每到5月就开始跌，6月开始大跌，7月会起死回生。5月开始远离太阳，到7月离太阳到最远，物极必反，然后开始慢慢靠近太阳，能量越来越大。市场往往是有魔咒的，比如星期三、星期四行情，尤其在星期三下午，总有大的波动，波势凶猛。日内交易，在11点或下午2点开始交易是相对最佳时间。

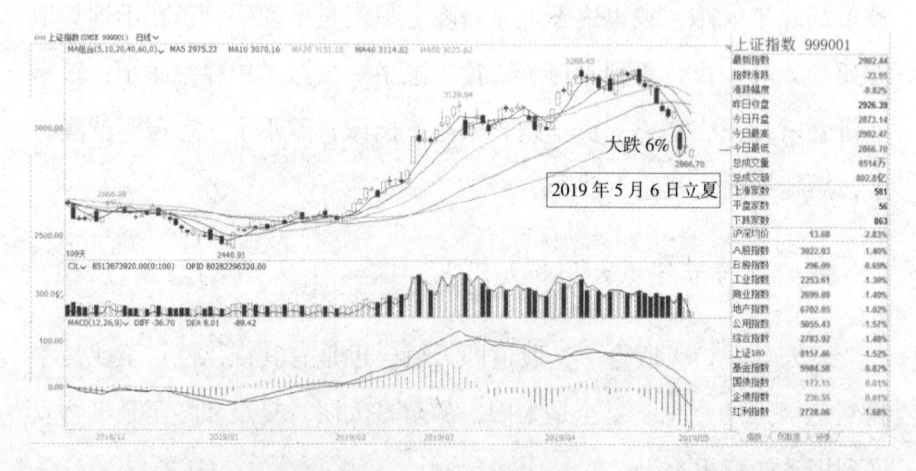

2019年5月6日立夏，上证指数下跌超过6%。深证成指下跌更超过8%，是2015年熔断机制以来单日下跌幅度最大一次，而且千股跌停。

第四章 判断趋势的要素

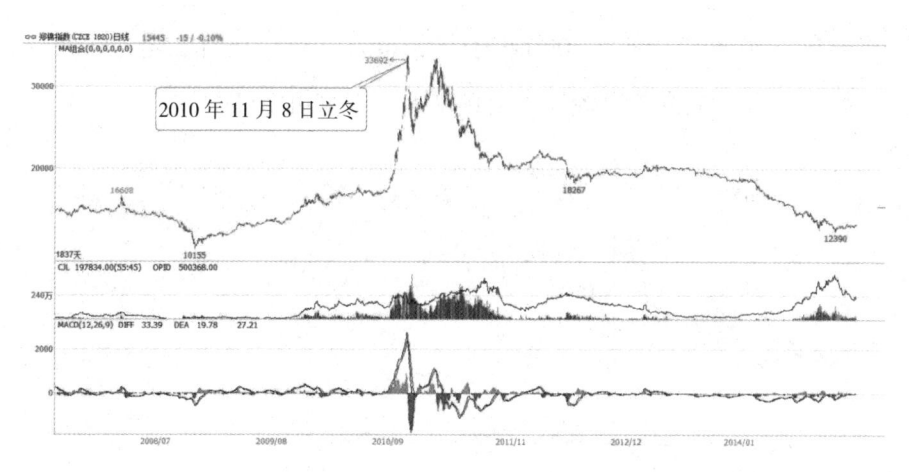

[图:郑棉指数日线图,标注"2010年11月8日立冬",高点33692]

棉花从 2005 年至 2017 年,十多年间,就出现一次高点 33692 点,在 2010 年 11 月 8 日前后立冬日产生。

商品(期货)也有规律可循

比如大豆是轮作,它吸收磷肥,基本是四年到五年一个轮作期,因为每到第四年或者第五年的时候,这片地的磷肥少了,大豆产量会下降。在这个过程中是这样的:一次轮作之后,第二年会高产。在天气方面,如厄尔尼诺、拉尼娜基本上也是四年一个周期,也是大自然的规律,这个理论不是编出来的,而是自然呈现出来的,是市场走的。它走这个周期,是有依据的。还有能繁母猪生长时间,你别以为母猪多,它就能一口气多产子,它也有不生产的情况,因为一头母猪的高生长期也是在三年到五年区间,所以自然就形成了三五年规律。

但是有一点,每一轮大行情之前,都是要挖大坑的,所以把这个坑挖完之后,大家可以参考布局,2004 年申年、2008 年子年、2012

年辰年、2016年申年，2020年子年，申月立秋，子月冬至，辰月立夏前，有合局之说，也佐证了信息基因，大家可密切关注。

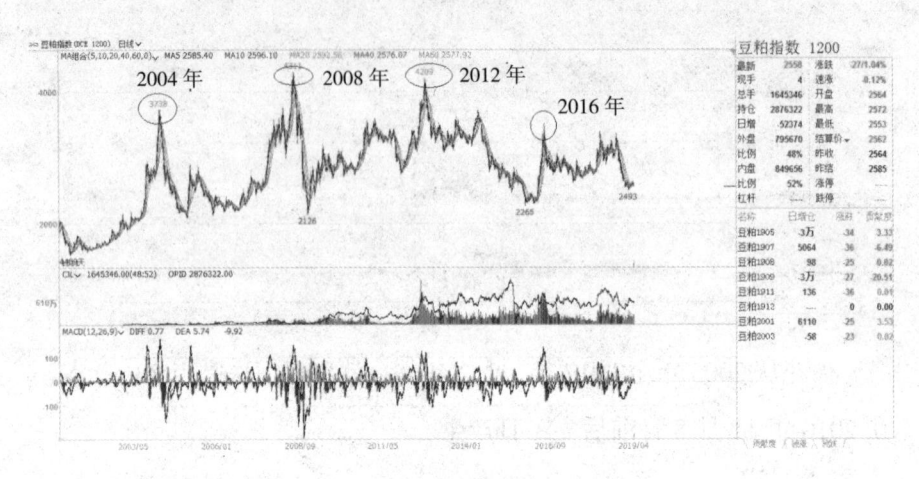

四个直接阻力（支撑）位

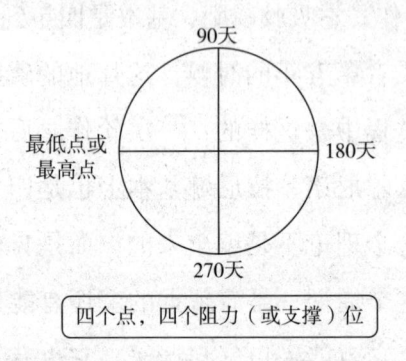

四个点，四个阻力（或支撑）位

注：这是最简的阻力或支撑点的计算方法。

如图：一到四分点整数位，就有转折出现。

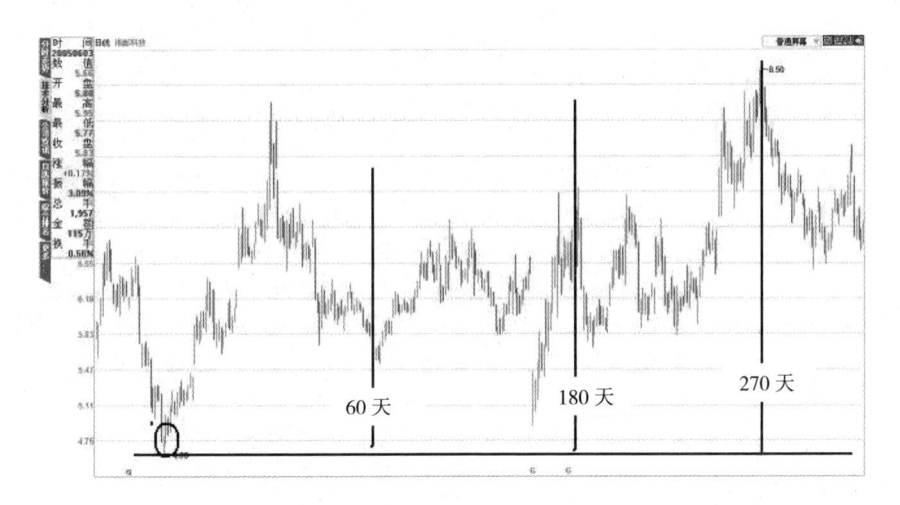

第五章

市场走势确定性的综合判断——资金流向

确定性等级指标的划分

通过一系列的多空参数对比，分为四星、三星、二星、一星、无星，星位越高确定性越高。现在给大家列举些多年来总结筛选的实用性很高的重要参数，一切用事实说话，立体的综合判断，久久熏习，你就会成为判断市场趋势的高手。

资金流的综合判断要素

（1）大盘资金流向

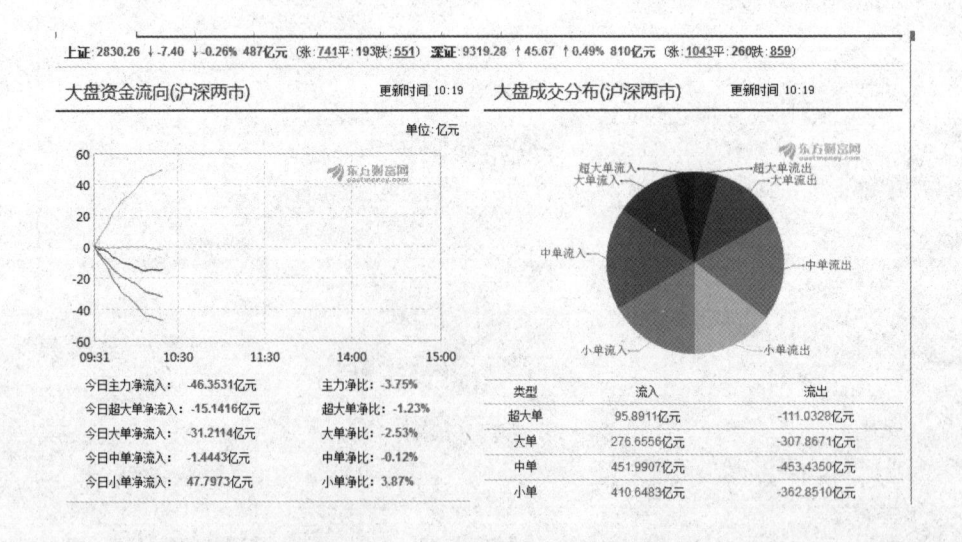

```
上证：2830.26  ↓-7.40  ↓-0.26%  487亿元  (涨：741平：193跌：551)    深证：9319.28  ↑45.67  ↑0.49%  810亿元  (涨：1043平：260跌：859)
```

大盘资金流向(沪深两市)　　　更新时间 10:19　　大盘成交分布(沪深两市)　　　更新时间 10:19

单位：亿元

今日主力净流入：	-46.3531亿元	主力净比：	-3.75%
今日超大单净流入：	-15.1416亿元	超大单净比：	-1.23%
今日大单净流入：	-31.2114亿元	大单净比：	-2.53%
今日中单净流入：	-1.4443亿元	中单净比：	-0.12%
今日小单净流入：	47.7973亿元	小单净比：	3.87%

类型	流入	流出
超大单	95.8911亿元	-111.0328亿元
大单	276.6556亿元	-307.8671亿元
中单	451.9907亿元	-453.4350亿元
小单	410.6483亿元	-362.8510亿元

（2）主力持仓

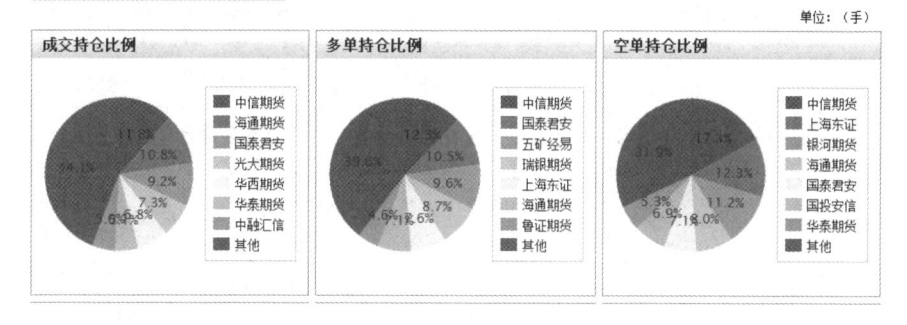

（3）资金流流入

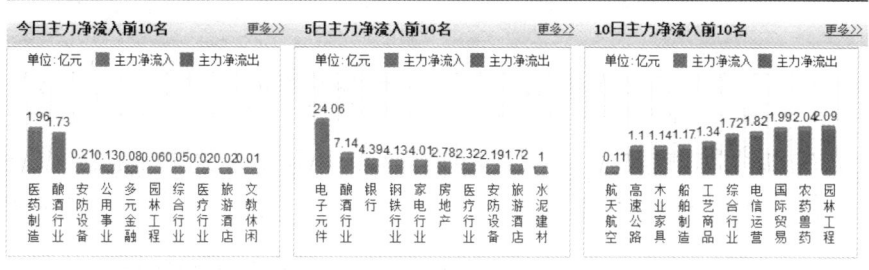

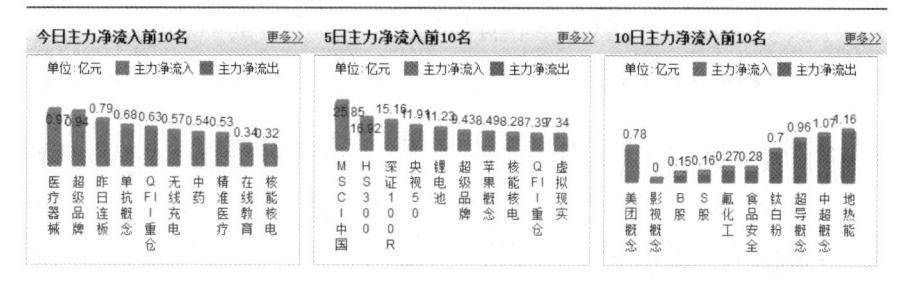

（4）资金流流出

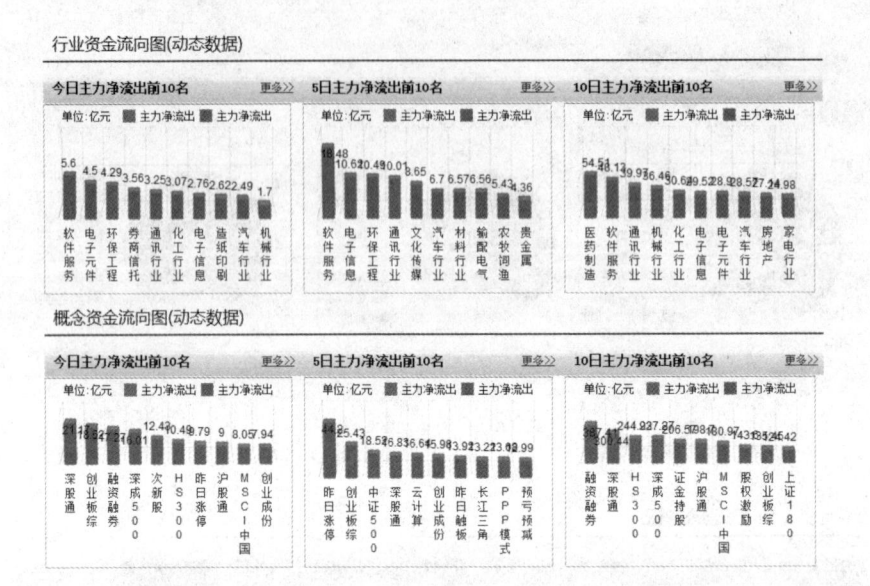

（5）资金流变化判断的三大重要指标（RSI、STIX、MFI）

以相对强弱指标（RSI）、指数平滑广量指标（STIX）、资金流量指标（MFI）三种指标为例，一个是评估价格的作用，一个是评估大盘的作用，一个是评估资金的作用，三者各有其不同的意义存在。如果仅单纯参考 RSI 指标，则股民只能了解价格波动的状况，而无法衡量资金及整体市场的脉动。

指数平滑广量指标（STIX）是衡量大盘指数的超买超卖指标，本指标是从涨跌比率（ADR）演变而来，主要是将 ADR 指标，经由指数平均的方式平滑求出。

大家可能已经习惯用 RSI 指标来判断超买超卖的界限。但是，可以尝试使用 STIX 指标，来判读上证或深证指数。这种方法除了可以使大

第五章 市场走势确定性的综合判断——资金流向 99

盘超买超卖的参考性更客观之外，也可以用来与 RSI 指标相互佐证。

资金流量指标 MFI 的作用，和相对强弱指标（RSI）指标相类似。

经过长期测试的结果，利用"背离"讯号确认股价的反转，可靠度较高。而 MFI 指标的"背离"讯号，比 RSI 指标的"背离"讯号，更能真实地反映股价的反转现象。

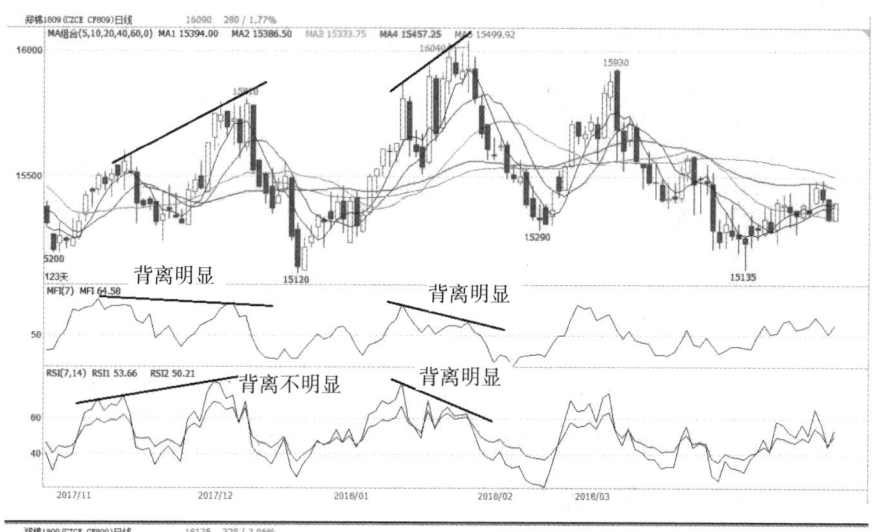

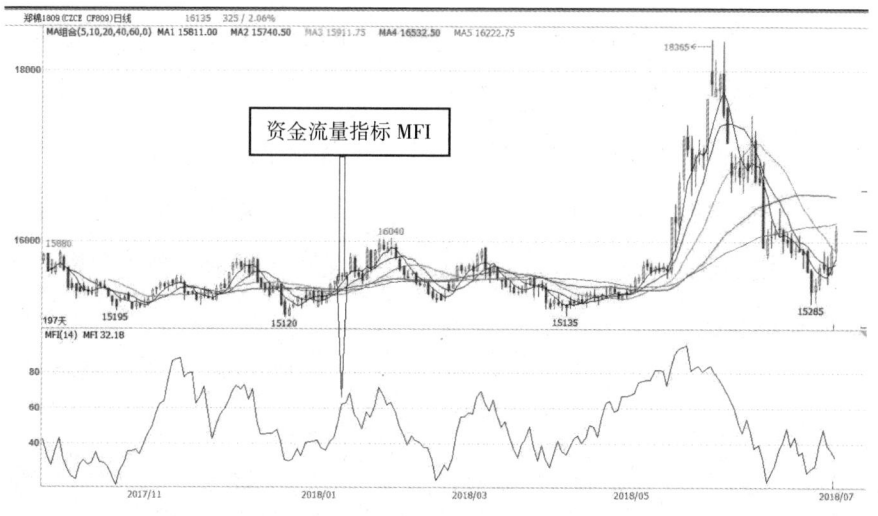

资金流量指标 MFI

资金流量指标又称为量相对强弱指标 MFI，根据成交量来计测市场供需关系和买卖力道。该指标是通过反映股价变动的四个元素：上涨的天数、下跌的天数、成交量增加幅度、成交量减少幅度来研判量能的趋势，预测市场供求关系和买卖力道，属于量能反趋向指标。

资金流量指标 MFI 的超买超卖作用，和威廉指数（WR）、相对强弱指标（RSI）指标相类似。一般而言，超买超卖的现象，被视为短期的讯号。超买之后的下跌，只能将其视为暂时的回档；超卖之后的上涨，视其为暂时的反弹。

主力进出指标

主力进出指标（ABV），如果输入 ZLJC，就会出现这个指标窗口，一般有三条线短期（JCS，绿色）中期（JCM，黄色）长期（JCL，白色）分别反映短期、中期、长期资金的变化。

成交量是股市的原动力，是股价涨跌的动力。资金量的增减对股价的涨跌起决定性作用。

主力进出指标是对 OBV 能量潮指标的优化平滑处理而创新改造出来的。主要表示不同时间段资金量的对比变化，并从这种变化的相互关系中更明确地表达资金量的增减变化，从而有效地判断主力资金进出股票的状况。

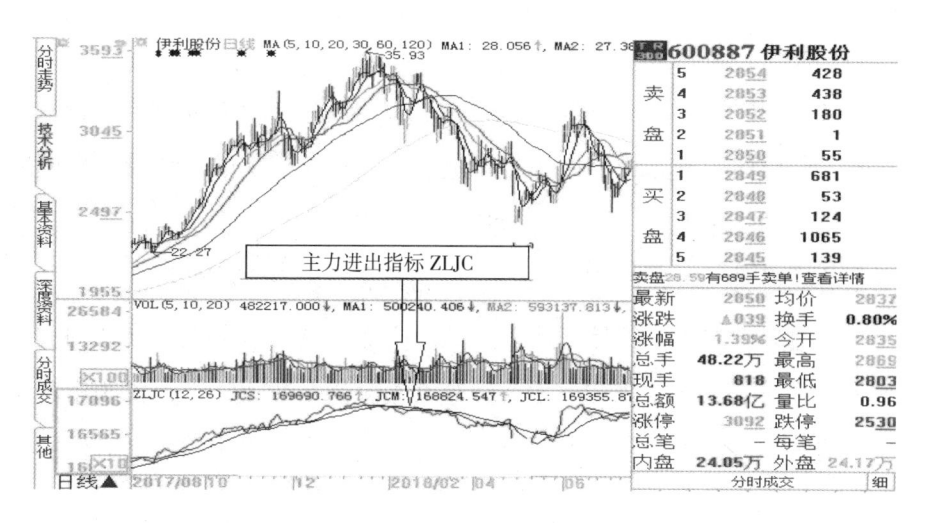

成交量指标

CJL 代表的是成交量直方图和持仓量折线图。

在直方图中能直观地看到主动买（黑色部分）和主动卖（白色部分）的力量比，而颜色红与绿取决于 K 线的颜色，收红的 K 线，成交量用红线框，收绿的 K 线，成交量用绿线框。

OPID：持仓量是一条黑线。

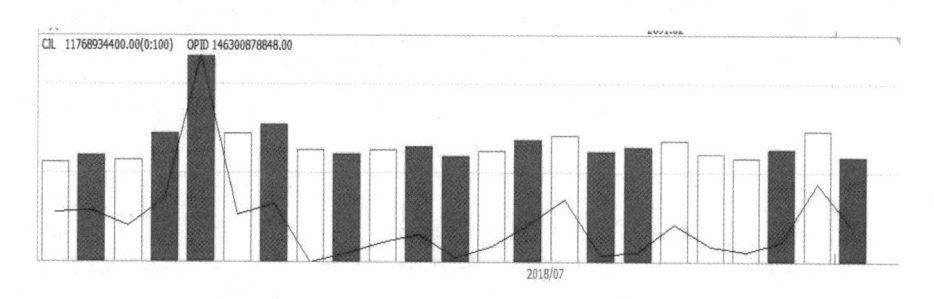

买卖力道指标

买卖力道指标是衡量买卖双方力量大小的指标，可以利用 RSI 来分析其变化。

RSI 是用以计测市场供需关系和买卖力道的指标。RSI 指标的技术含义，即以向上的力量与向下的力量进行比较，若上的力量较大，则计算出来的指标上升；若下的力量较大，则指标下降，由此测算出市场走势的强弱。0<RSI<100，RSI>80 为超买；RSI<20 为超卖。

其他分析方法：若是红柱多且高，说明买方力量强大；反之则卖方力量强大。委买曲线和委卖曲线离 0 轴越远、数值越大，说明市场越是活跃。通过买卖力道图，可以定性地判断大盘实时的多空对比的态势。

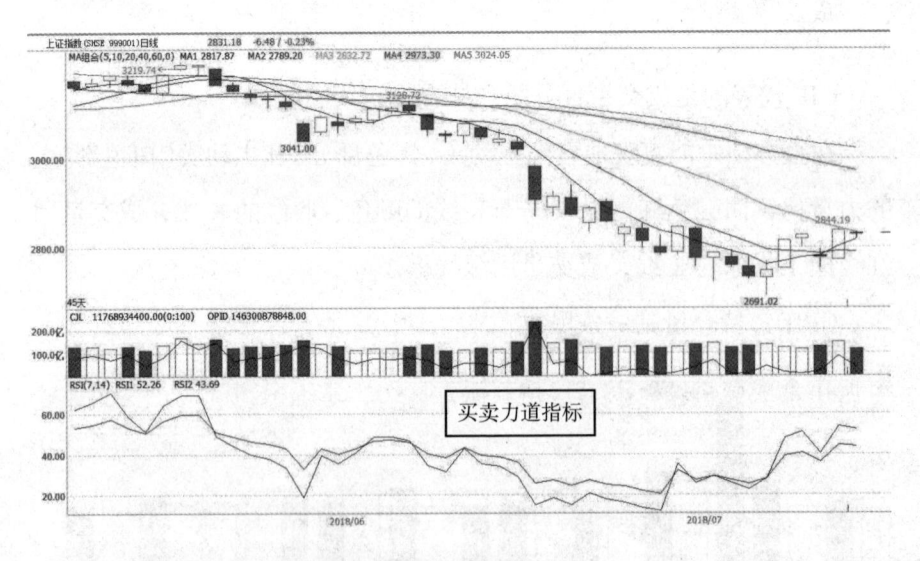

盘面资金的大小分别（上证指数）

盘面资金充裕一般是指资金大于 3500 亿元。

盘面资金不足一般是指资金小于 2000 亿元。

牛熊分水岭一般是指盘面资金为 3500 亿元。

若把盘面资金做成连续的均线，则反映盘面资金当日的平均水平，通常用盘面资金来判断大盘资金的强弱，也可以判断是否形成单边市的一个依据。

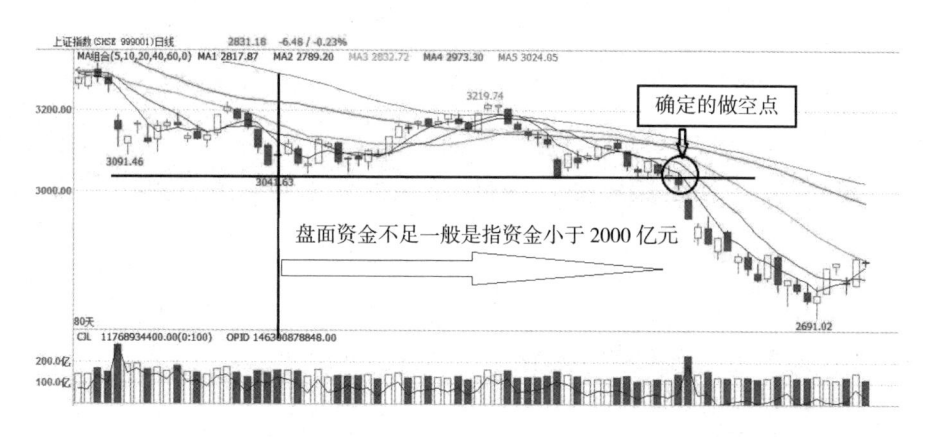

流量就是成交量和持仓量之和

成交量+持仓量=流量。成交量和持仓量，通常把它们的两者之和定义为流量，测算后，用来在不同品种间分配资金。市场进行一次长线波动之后的成交量保持密切关注。成交量往往在波动即将结束之时比正常成交量大，因为这是"派发区"，掌握内情的人正在向那些因新闻发布而陷入慌乱的公众卸载他们的头寸。

资金流的综合判断图示

不断实战总结的五大神奇指标分别是：成交量指标、买卖力道指标、主力进出指标、资金流向指标、K线形态。

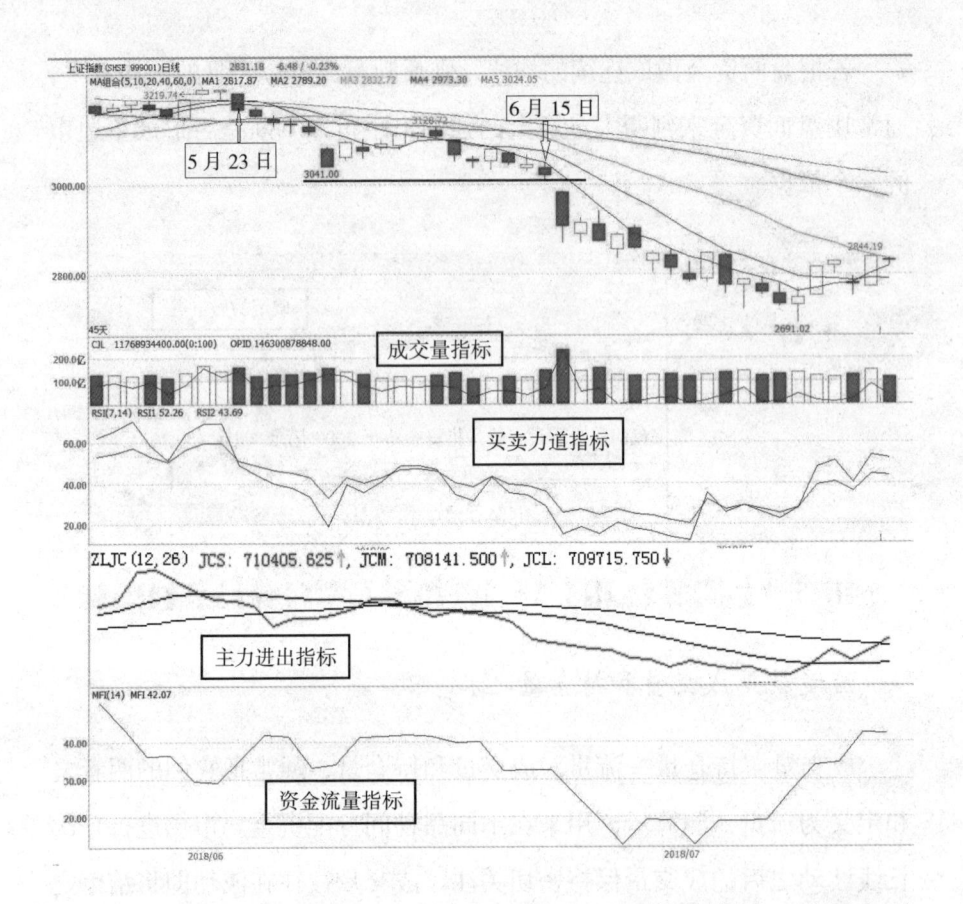

上证指数2018年5月15日至7月12日K线走势图，从图中看出5月23日以来，到6月15日，成交量指标递减、买卖力道指标下滑明显、主力进出指标死叉三线同步下降趋势、资金流向指标越来越低、K线形态下降三角形突破支撑线，此五大参考指标汇总后，起到综合判断分析，立体式锁定目标，确定性很高，把握好关键点，则大功告成矣。

决定市场的其他因素

（1）搞清需求旺季、运输、分销等时间

下图中的高点分别是 2008 年 7 月，2009 年 7 月、8 月，2010 年 8 月，2011 年 8 月，2012 年 9 月，2013 年 9 月，2014 年 8 月，2015 年 7 月。这就是季节性高点，几乎都产生在 7、8、9 月，因为这会儿是需求旺季。所有企业都要从 5、6、7 月准备从国外大量进口，到港、分销都需要时间，要准备满足 7、8、9 月的需求。

你吃透了这些就会产生暴利，并不是因为人残暴贪婪仓位重，而是因为真正吃透了这些。

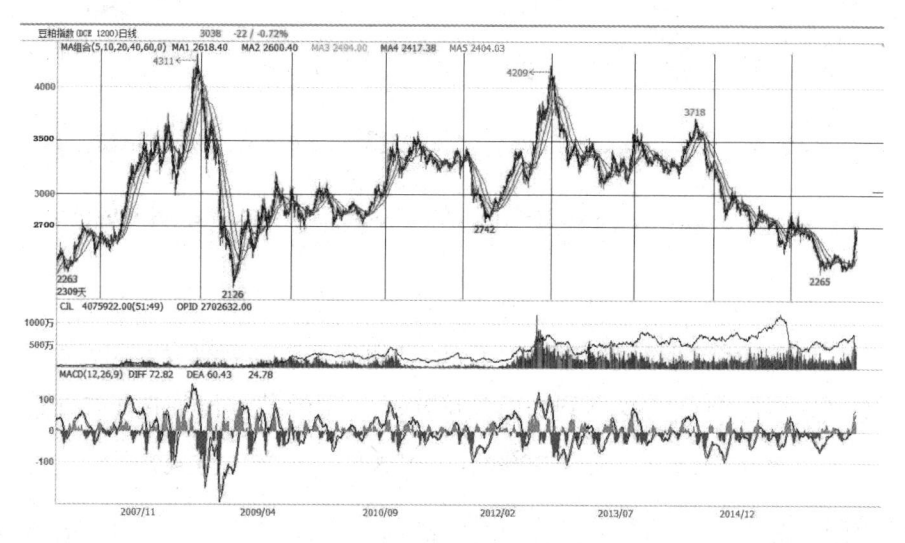

当你踩对了行情的时候一定要把行情吃透，为下一波点背亏钱做准备。这一把赚30%，下一把亏30%就白玩了。这一把赚十几倍，把大部分利润提出，留20%的资金再利用，就算亏光了还是赚钱的。有大行情该赚钱的时候就一定要把行情抓到最后，让利润奔跑，别今天完成 30%、50% 的任务就结束。

如果这一次没吃透，下一次行情可能要一两年才出现。如下图所示，当时我分析市场的压力位是 2700、3000、3500，大家可以看 2700 这个点位是多少个低点形成的，而 3000 这个点位是多少个低点和相对高点形成的。

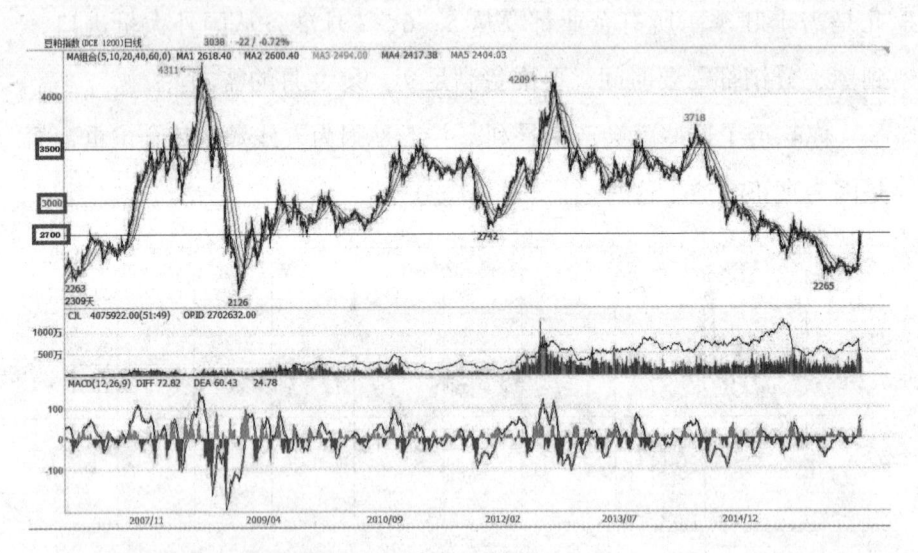

这图形并不是随便画的，每个高点和每个低点都对应着当时的基本面，再回溯可能找不到，但是确实是当时的基本面创造了图形。3500 点是区间高点，回踩 3000 点，用这种划格型的方式来找每一个区间。

因为粮食的产量受当时的生产成本、生产资料决定，所以往往价格波动呈块状。如果这一波在 3000 点撑住了，就很有可能在 3000 点到 3500 之间去。

看下图，很明显，四年一个周期，这是一个粮食的生产周期，每四年必须出现一次减产。这波行情现在在调整，等到破3000点再去考虑看空。不看一个月后的行情，农产品经常半个月基本面就变化了。像现在行情一往下走，漫天利空的消息，市场信息比行情转化得还快。

所以只要不符合交易系统的行情就不做，很喜欢做农产品就是因为周期性明显，从关键价位，高低点区间，季节性变化都很规律。现在炒得很火的"天气"现象，最后对美国没有影响，美国利用消息把价格拉高全世界去卖，美国的所有报告都是围绕国家利益。

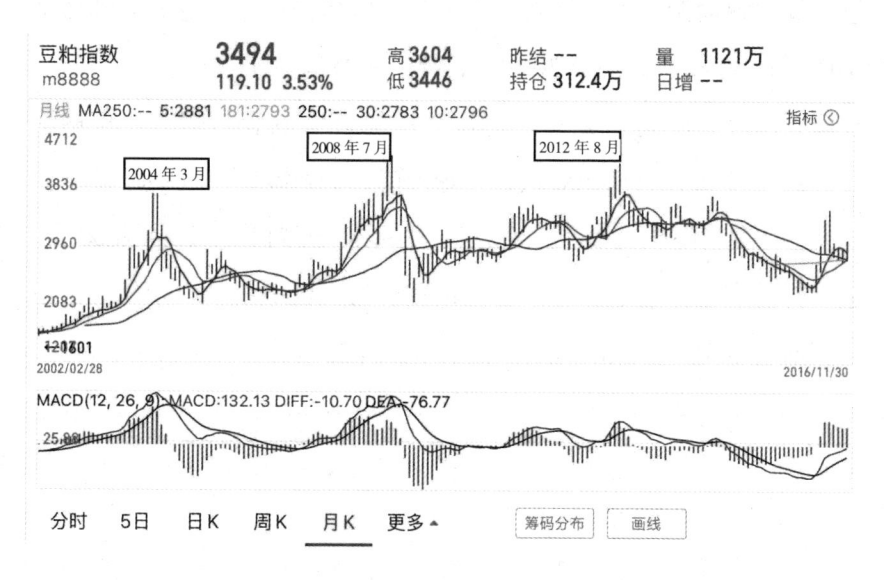

综上，豆粕是春播夏长秋收冬藏，而且查过去10年或者20年的豆粕，基本所有的行情都产生在4月份到8月份期间，且大涨也都产生在4月份到8月份期间。从8月份到10月份多半为调整区间，而每年的四季度到一季度上半旬，基本是振荡行情。了解历史，你就了解这个市场了。包括油脂也一样，它的一波周期，从 2008 年见底，涨到了 2011 年，一轮大行情走了三年。而从 2011 年到 2012 年，头部做了两年，而从 2012 年开始下跌，直接跌到了 2015 年，跌了三年。从 2015 年到现在，底部又做了几年？所以你看了它历史，你自然就知道它现在会如何表现了。

（2）记好每个商品的爆仓点

豆粕区间是 200 点，总结出豆粕区间是 200 点，是因为 200 点正好爆仓，400 点是半仓交易正好爆仓，800 点是 10% 的仓位爆仓，所以主力算得很清楚，不会浪费一点子弹。包括铜从这个盘整期到那个盘整期刚好 5000 点，一个 30% 的仓位正好爆仓。

橡胶从这一轮行情到另一轮行情就是 10% 的仓位爆仓。棕榈油 2013、2014 年每轮行情 500 点，一轮行情一个人爆仓了就要赶紧跑。

有一年股指空头就打了 10%，往下一调，从 5100 点调到 4800 点，五倍杠杆的人就爆仓了，一平仓四倍杠杆的人也爆仓了，四倍一杠不住，三倍的也受不了，最后大家包括私募都受不了。

第六章

市场交易实战战法

基本面剖析战法

股票市盈率很低，股价跌破净值，股票价值被严重低估，这时就体现出股票有涨的预期了，如同苹果生产成本为3元，结果市场只卖1元。一般情况下，资产净值为决定股价的重要因素之一，净值增，股价涨；净值减，股价跌。不过，有时股价会与净值脱节甚至差距很大。肥沃的土壤、垄断地位及可持续性再加上安全边际，才是价值投资的基石。

从投资规律看，高估值，流动性收紧，就会出现熊市；低估值，流动性放松，就会出现牛市。长期看基本面最重要，中期看估值最重要，短期看流动性最重要。

价格低点时往往机会就在蕴育，所谓的低，就是商品跌破成本线后。虽然成本也是浮动的，但与之相关的原材料还是有个成本，比如螺纹钢16000元/吨，与之对应的生产原料煤炭，钢锭，运输等等都在亏，那它就不能再维持了，这时就是底部到了极限，即将物极必反，在此时，即使观望，也不要轻易做空，有的甚至几年的盈利，几天就让你化为灰烬。所谓的基本面就要从大局把关，去分析内在本质的问题。

实践证明，多头行情中往往隐藏暴利，故逢低做多为主，逢高做空为辅。货多还是钱多？历史一次次证明，货永远没有钱多。货便宜了就有人买，钱有的是，多逼空较空逼多优势大，商品由底部往上涨的时候幅度大，如1万元跌到1千元，也就跌了90%，那从1千元涨到1万元，可就涨了十倍。

打靶交易法

打靶瞄准的时候是三点一线，你把三点一线对准了，子弹就一定上靶。做交易是一样的，把该有的动作做规范了，钱就一定赚到，赚钱是附属的，所以我研究的是把自己的动作做规范。

比如能量共振出行情：

5天、10天、20天均线发散上翘（向上），5天均线与10天均线金叉，买入。

5天、10天、20天均线发散下掉（向下），5天均线与10天均线死叉，卖出。

又如，布林通道系统（BOLL），简单明了，收盘价向上突破下限LOWER（下轨），为买入时机，收盘价向下突破上限UPPER（上轨），为卖出时机。当然，要结合成交量因素。

参数：

N：天数，在计算布林带时，一般用26或20天。

P：一般为2或2.1，用于调整下限的值。

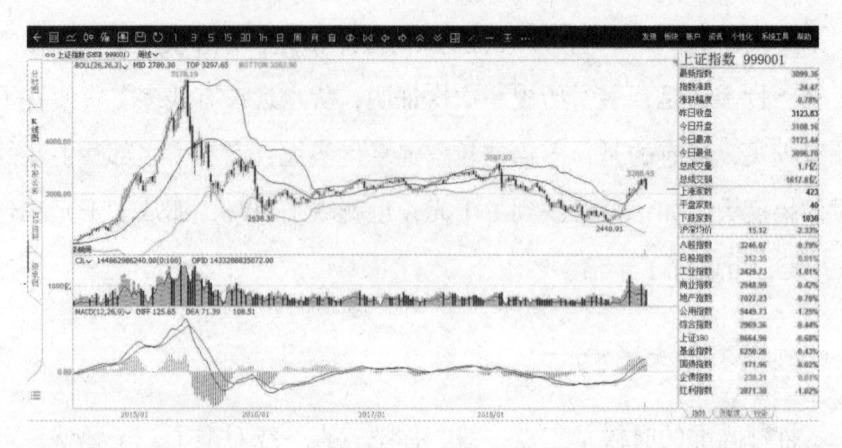

总之：要反复练习，规范操作，熟能生巧。同样，这种思维模式可以用到自己的各个系统运行中去，目的是打中靶心，是要规范。

鹤立独行战法

这是行为金融学的主要应用表现。实际在市场中，往往真理掌握在少数人手中。大家都在追寻真理是什么，几千年都在追寻，但是谁也没追寻到真理是什么。说实话，我也不知道真理是什么。但是有一点，真理说了，真理掌握在少数人手里，那你就跟大多数人反着干，你就离真理很近了，至于能不能找到，那就是机缘和合的问题了，所以在任何投资市场里面，永远是大多数人亏钱，这些道理大家都不否认。所以在此战法原则提到了一点，当所有人看好的时候，我不看好。当所有人都做多的时候我要离场，当所有人做空的时候，我开始布局。这看似简单的法则，是需要平时的知识积累、实践和感悟，要自己去体悟去感受，感受到什么程度，是50%做多，还是60%人做多，还是70%人，还是100%人？达到极致，就决定了你对市场的认知度和对市场的判断度。

审时度势战法

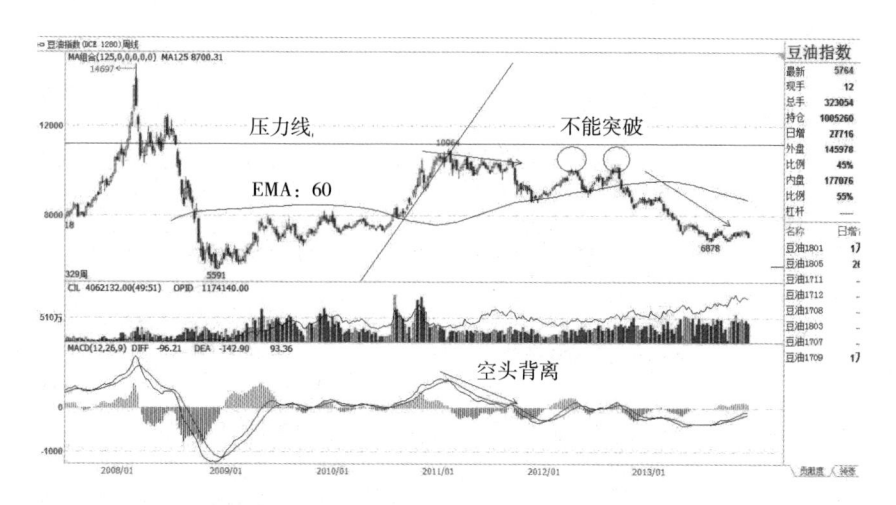

上图豆油 2008 年 3 月到 2015 年 7 月周 K 线走势图，趋势线已跌破，空头背离，随后两次都未突破压力线，最终下穿 60 周移动平均线，此时行情完全进入空头。

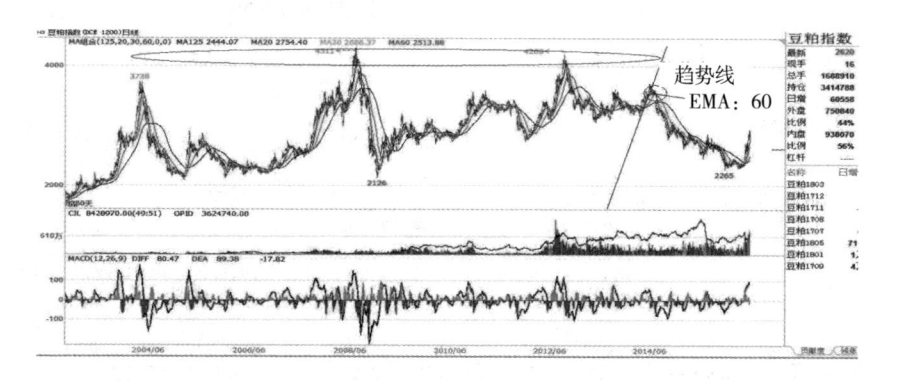

2014 年 6 月 30 日，美国暴发生猪疫情等消息，至 7 月 1 日跳空跌停（政策因素导致），以跌停开盘，最后又以跌停收盘，行情破趋势线，下穿 60 日移动平均线，冲顶遥遥无期，成交量远远小于前次冲顶前的成交量堆，大势已去。

波浪尺战法

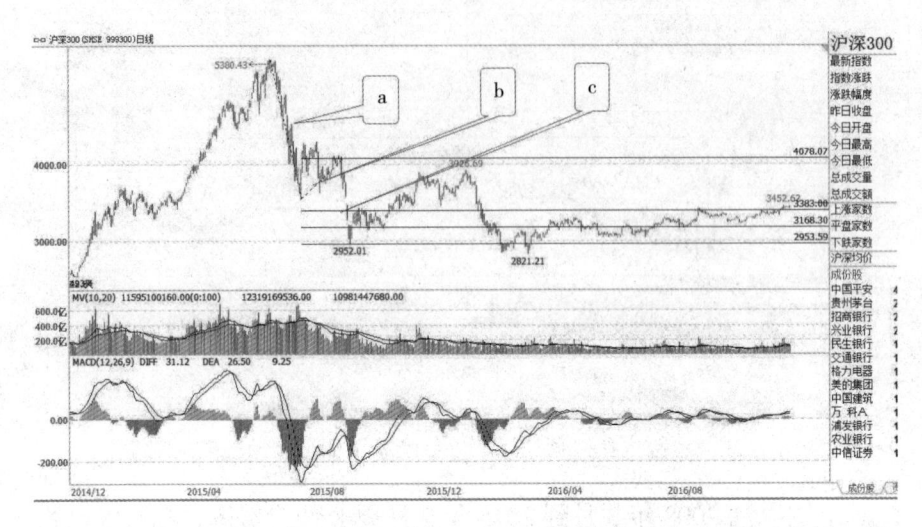

如上图，沪深 300 从 2015 年 6 月 9 日 5380 最高点，下跌第一浪跌到 2015 年 7 月 9 日 3537 点，下跌第二浪至 2015 年 8 月 18 日的 4103 点，此时用波浪尺推出下跌第三浪会跌到 2953 点，结果，实际跌到 2952 点，只相差 1 个点。

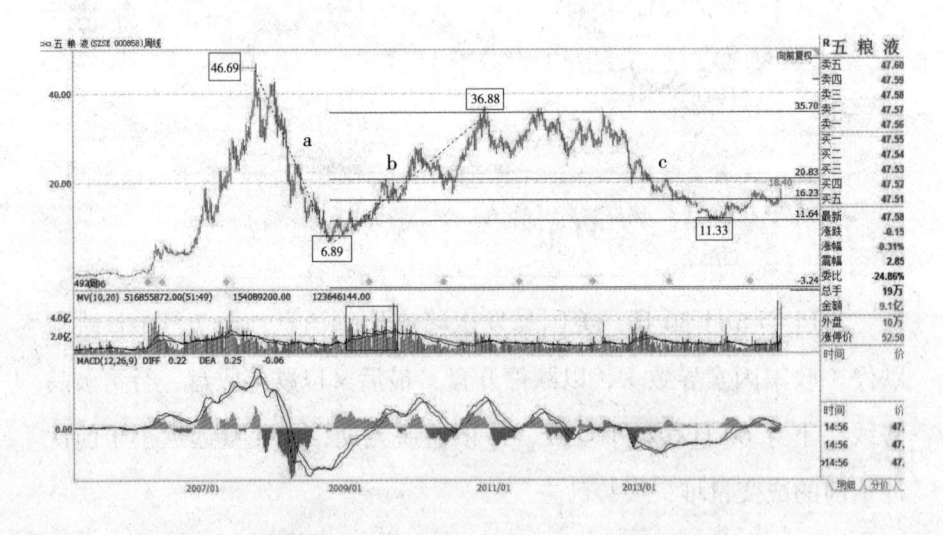

上图，五粮液周线，2007年到达历史大顶，第一浪下跌到6.89，然后第二浪涨到36.88，最后第三浪到低点11.33。

乌纱帽战法

乌纱帽由帽子顶和两侧伸出两只帽翅构成，当行情走势从左侧帽翅盘整最终上涨到帽子顶，然后下跌，跌至帽翅右侧，若在右侧帽翅筑底完成，这时如果配合形态及成交量，才是布局建仓的时刻。不要在帽顶或帽身买，这样有可能你就站岗或抄到山腰了，一定要到股价跌到右侧帽翅处，确认为相对底部，跌无可跌，有的行情开始筑底，筑底有长有短，要视形态和量能来判断行情发动时机，这样才是安全边际建仓。如图：上证指数周线图。

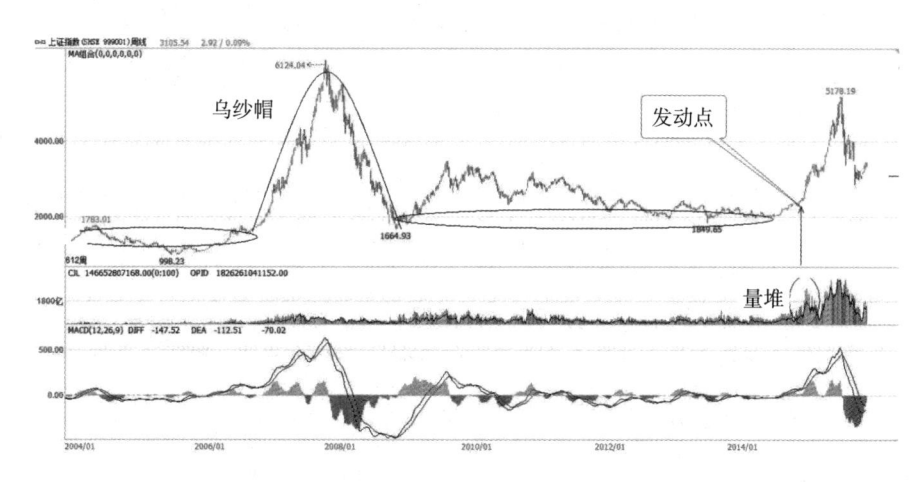

回踩不破战法

做波段时，往往伴随着有个启动的大阳线，行情随即有一个反弹，然后回踩，当回踩向下打压不跌破前期的启动大阳线，则行情还会向上发展，如果跌破了前期的启动大阳线则意味着反弹结束，或继续横盘震荡。另有，回踩不要跌破50%，否则会改变原有的趋势。

如图，上证指数行情。

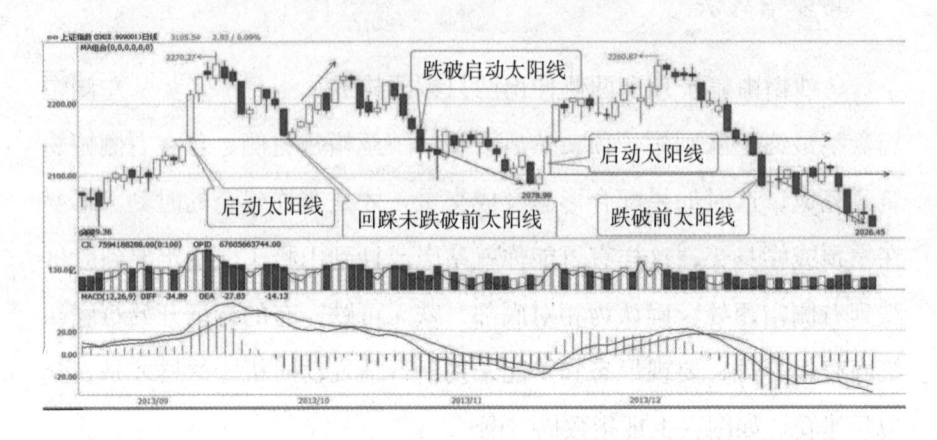

下图为上证指数进行大三角形整理后，蓄积能量，开始突破。

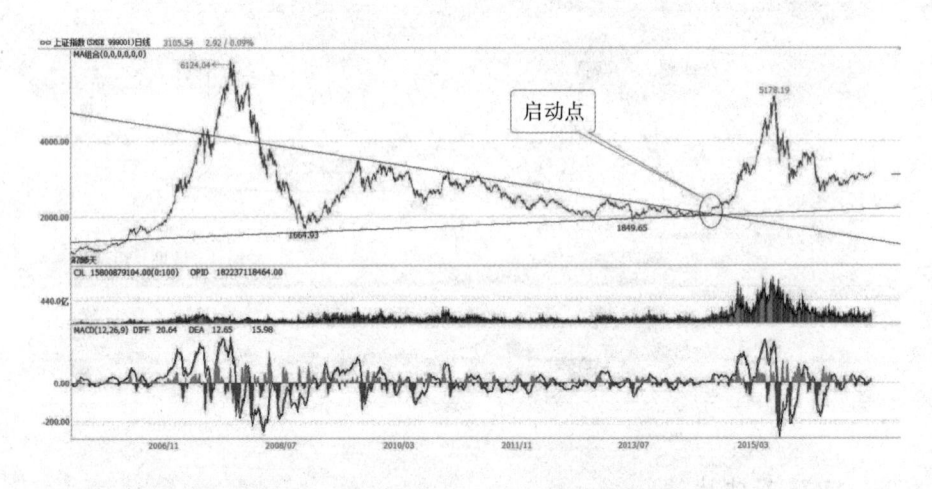

锦上添花战法

当多头和空头相互搏杀，就是打群架的时候，没分出胜负，向上向下方向不明朗，我们一定不要入场，要休息，通过看形态和突破来确定多空胜负明朗时再进入，帮多头踩空头一脚，或帮空头踩多头一脚，这就叫锦上添花，而不是雪中送炭。

下图为豆油多头入场区间和空头入场区间。

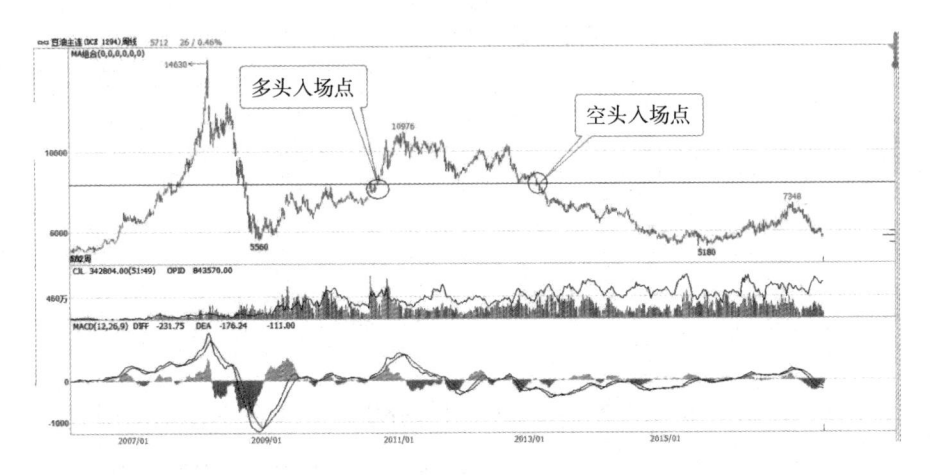

黄金线组合战法

趋势线+移动平均线+空头或多头MACD背离线，如图。

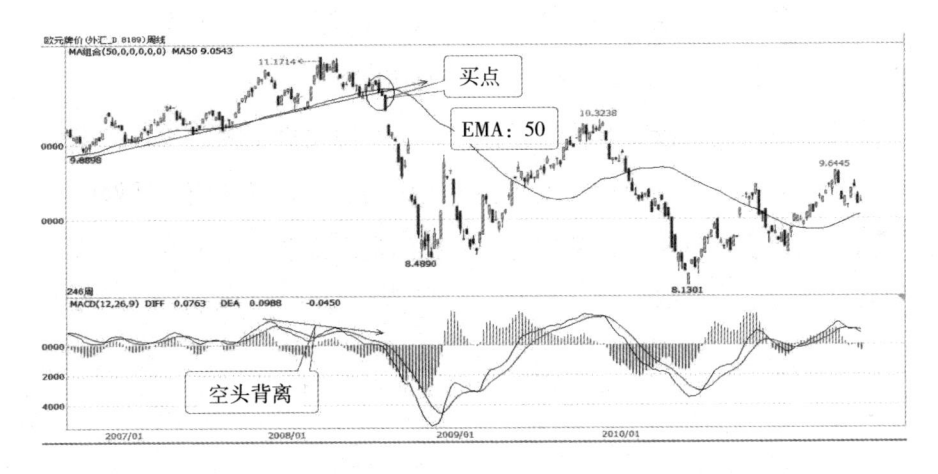

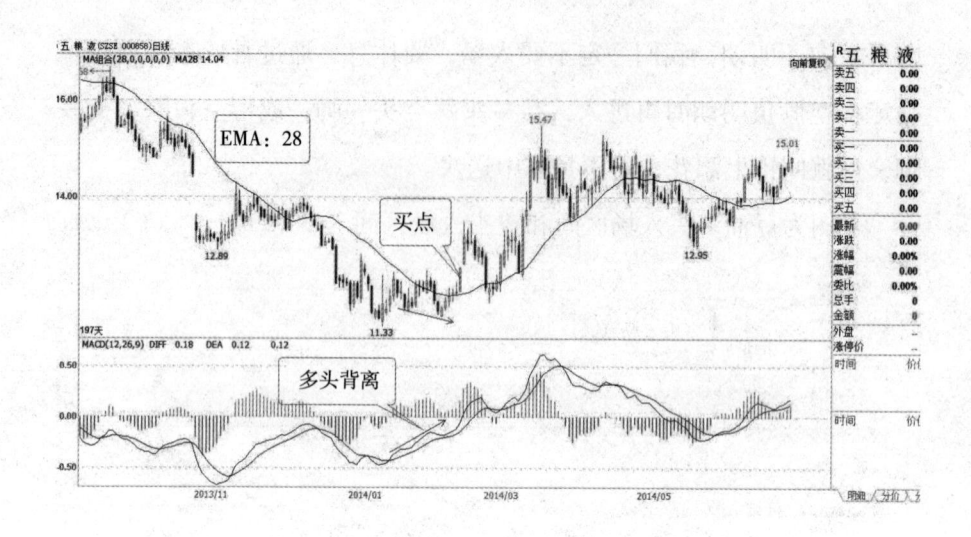

三线战法

技术是可控的。用数理统计、图表分析，有效科学操作原则。技术完全可控，人为控制，获得利益。纪律比技术更重要，铁律不能违背，每年操作次数也非常有限，有仓位的天数非常非常有限，每年持有仓位的天数非常非常有限。

三线战法是用天人地三条线：地线为0度至15度角线；人线为30度至45度角线；天线为60度至85度角线。

若行情用飞机起飞过程来比拟：地线表明飞机刚刚起步，在跑道上奔跑，有一点离开地面；人线表明飞机彻底离开了地面，缓慢向上飞起；天线表明飞机加速腾空已经飞到预定高度了，预示着起飞这一过程结束。

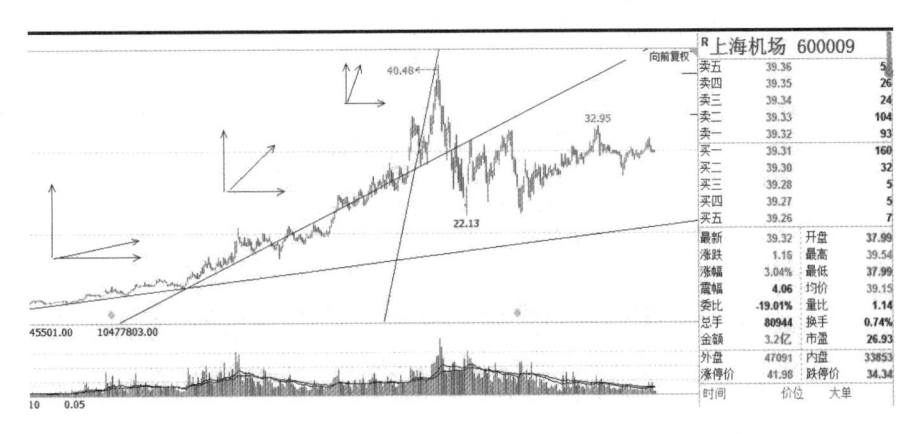

走势图

第一条线：0 度至 15 度角趋势线。

第二条线：30 度至 45 度角趋势线。

第三条线：60 度至 85 度角趋势线。

我们知道，1886—1996 年间，美国所有 4 年涨 15 倍的大牛股，都是以 30 度的仰角开始启动，大飚股随后以 60 度的仰角开始上冲。而能够在 4 年中涨幅高达 30 倍的股票，其特点就是股价开始腾飞的启动与火箭升空无异，仰角超过 80 度。当年的利弗莫尔能够在伯利恒钢铁上搏浪一击的成功关键，无疑就是他在等仰角超过 80 度的飚股的凝聚力形成。那就是他要 100% 地精确把握住这个让飞机从地面能够腾空而起，并且不断加速上升的临界点。

对走势的预估和判断诚然重要，但是其重要性对于职业操作者来说，那只是第二等的技能。而第一等的却是耐心、学习和研究已经发生过的正确和错误。

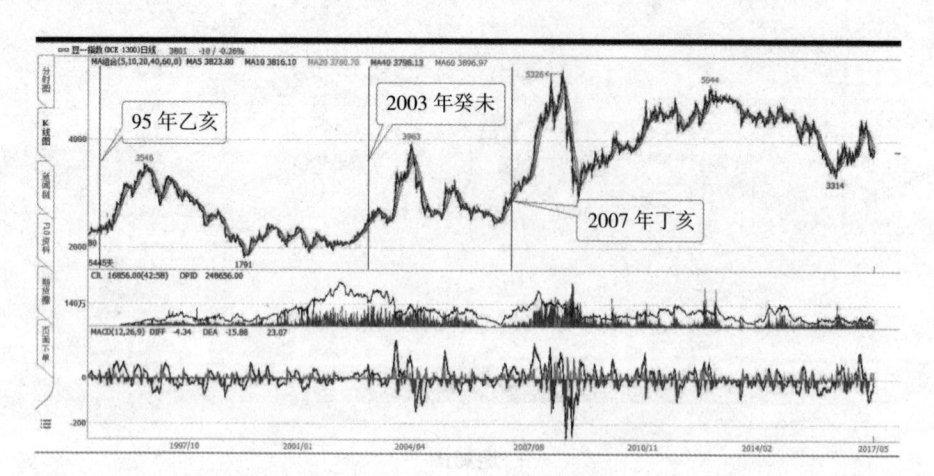

大豆指数 1995 年、2003 年、2007 年以酣畅淋漓的超过 60 度角度趋势线上涨。

天地人三才战法

天时地利人和，三才缺一不可。地利是指均线系统；天时是时间周期、时间变量；人和是市场整体情绪；三者要配合得好，往往才会有大行情。一个行情的形成不是轻易的，一旦形成，也不会轻易结束，当然不免要调整，甚至有时调整还很大、很深，但这都不影响行情的走势。要掌握三才，因缘和合，才能成就事业。

时空能量平衡战法

（1）历史熔断机制的时空能量分析

4 天夭折的熔断闹剧：1 月 4 日，2016 年的第一个交易日，也是中国证券交易史上里程碑式的日子，从这一天开始，A 股交易实施股指熔断机制——根据规定，当沪深 300 指数触发 5% 熔断阈值时，三家交易所将暂停交易 15 分钟，而如果尾盘阶段触发 5% 或全天任何时候触发 7% 则暂停交易，直至收市。

当天的低开似乎不是个好兆头，很快，在 2015 年损失惨重、期待 2016 年开门红的投资者们就遭遇了当头一棒：股指在巨大的抛盘打压下不断走低，接连击破 3500 点和 3400 点整数关，终于在午后开盘的 13 点 13 分跌破 5%，触发了熔断。15 分钟后，重新开盘的股市继续下跌，只用了 6 分钟便在 13 点 34 分将跌幅扩大至 7%，触发了 7% 的熔断阈值，三大交易所暂停交易至收盘。

元旦节后开盘第一天，股市便遭遇了血洗。然而好戏还不算完，在弱势反弹了两天之后的 1 月 7 日，沪深 300 指数早早地便在 9 点 42 分触及 5% 跌幅造成熔断。9 点 57 分重新开盘后，仅用了上一次一半的时间便将跌幅扩大至 7%。结果，1 月 8 日就暂停了此机制。

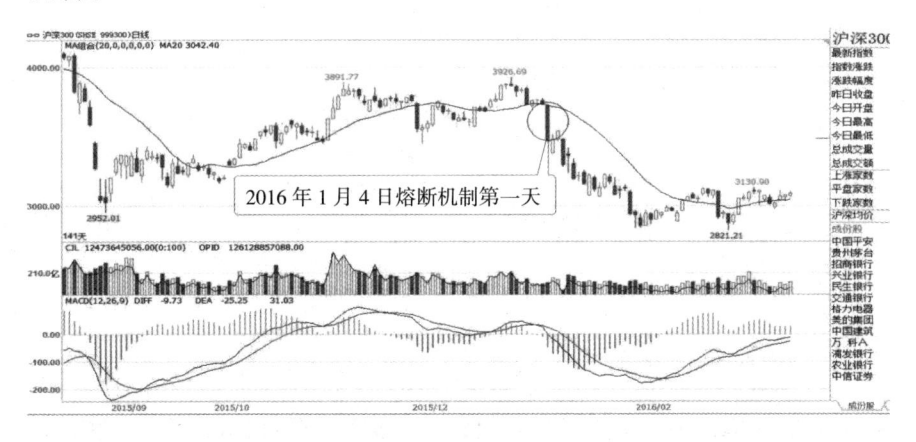

公元：2016 年 1 月 4 日 9 时

干支：乙未年　戊子月　乙酉日　辛巳时

2016年1月4日子月水旺极,酉日地支属金,金又生水,水多克火,火主阳为多头。如上分析股市是大空头之象。

(2)大牛市2006年、2014年起始的能量分析

2006年起到2007年股市冲到6124点,为历史的最高点。2014年起到2015年股市第二次冲到历史次高点5178点,现在我们分别以2006年开始那一时刻即2月4日7时25分立春起局,2014年2月4日6时21分立春起局分析。

2006年起始立春时的格局:

公元:2006年2月4日7时

干支:丙戌年　庚寅月　甲子日　戊辰时

甲木在寅月春天旺,丙火太阳之火,在2006年临值,旺象之极,2006年股市大涨。

2014年起始立春时的格局:

公元:2014年2月4日6时21分

干支:甲午年　丙寅月　丙午日　辛卯时

丙火两重,午火两重,2014年不涨都难。

东方波浪战法

(1)K线能量系统

阴阳K线,在每时每刻的运行中,形成了有规律的曲线,这就是K线走势图。有规律就可以把握,运行的是波浪式的前进,有升有降,物极必反,永久不息。

东方波浪理论，就是八卦的变幻莫测的组合形式，经过市场百千万般实战，总结出三种八卦运行模式，若熟练掌握，可以预测未来趋势，揭秘市场运行规律。

具体解密如下：K线波浪运行密码规律：震离兑离乾，巽坎艮坎坤。

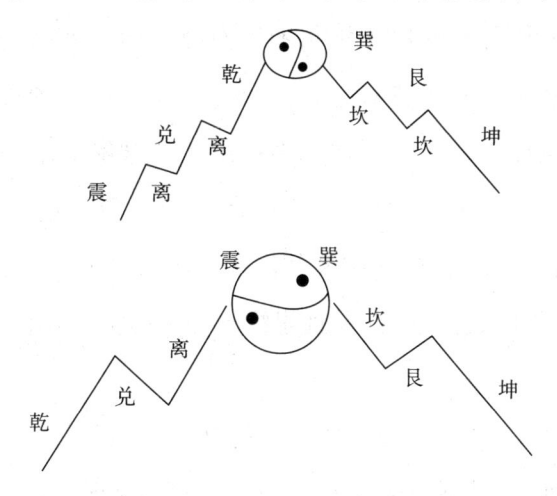

美国著名学者艾略特经过对华尔街股市多年的走势研究发现，股票及商品价格的波动都与自然界的潮汐规律相互呼应、涨跌有序，展现出周期循环的特点。

通过实践他还发现，上百年的股市波动，其无论在结构上还是在形式上都与自然界中的规律、现象完全一致。因此艾略特说：自然规律中包含一个最重要的因素即"定时"，自然规律并非是一种系统或运行方式，而是记载了人类行动进步的事件。自然规律应用于预测学中这将是一场伟大的变革。他又补充说：只有在自然规律基础上研究市场动态，我们才能在纷乱的现象中发现其本质。简单地说：市场是人类的产物，它反映人类的习性……于是，艾略特于

1934年11月28日正式提出《波浪理论》，并将之称为"自然法则"。《波浪理论》发表后，立即红极一时且经久不衰，成为权威经典理论。

艾氏"波浪"自然属性用于经济市场从结构到形式的认识及其展现，与我们传统易学思维机制不谋而合。他所展示的特点与现象大多在《周易》体系的覆盖之内，两者达到了惊人的合若符契。因此，很多专家在《易经》评注书中指出："这绝对不是巧合，可能是古代东方文化与近代科学的一个契合点。"可以说，《波浪理论》的诞生及上节"阴阳属性"在K线图表上的"显现"，是周易"究天人之际"对世界模式构架的（阴性思维）"外在化"（阳性形式）和"天机泄露"。

从比较学角度对"波浪"现象进行基本总结和归纳，从中可发现中华文化的博大精深和细致入微，以及它对包括股市这一新兴事物在内的客观事物的统摄功能和揭示功能。

（2）K线阴阳辩证思维模式

K线阴阳思维模式对股市的启发有很多。市场折射人生，映照人性，故心态至关重要，阴阳平衡才有好心态，见微知著，一叶知秋，物极必反，阴极则阳，阳极则阴，把握趋势，顺势而为等等。如下图上涨252日约等于下跌254日，上升下跌之间的数字平衡。

第六章 市场交易实战战法 125

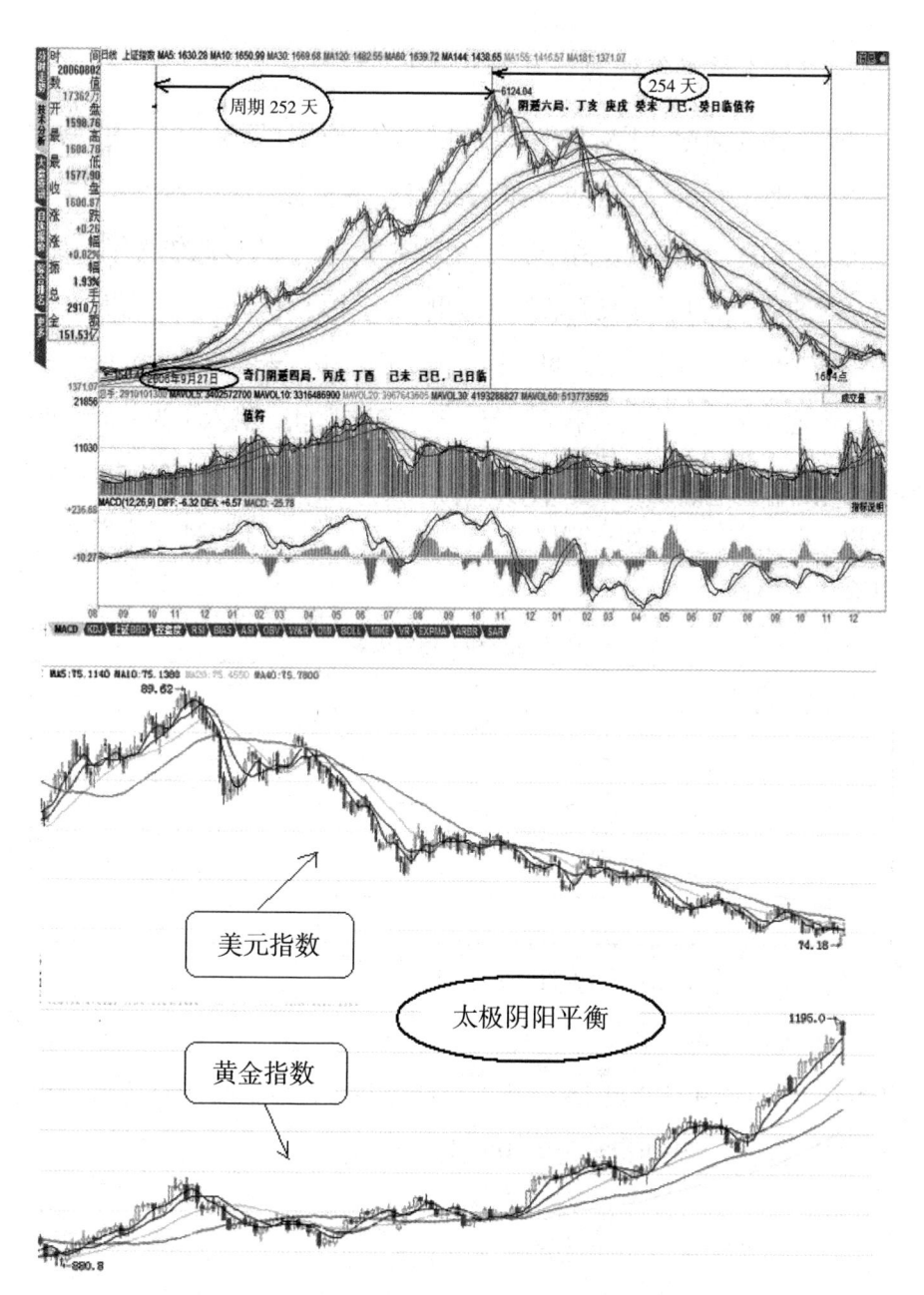

周期 252 天

254 天

6124.04
阴遁六局,丁亥 庚戌 癸未 丁巳,癸日临值符

1664点

2008年9月27日 奇门阴遁四局,丙戌 丁酉 己未 己巳,己日临

美元指数

太极阴阳平衡

黄金指数

太极阴阳平衡之美元和黄金阴阳平衡

（3）古历纪年法的时空信息

天干地支简称"干支"。天干：甲、乙、丙、丁、戊、己、庚、辛、壬、癸；地支：子、丑、寅、卯、辰、巳、午、未、申、酉、戌、亥。十干和十二支依次相配，组成六十个基本单位，古人以此作为年、月、日、时的序号，叫"干支纪法"。即甲、乙、丙、丁、戊、己、庚、辛、壬、癸十个天干与子、丑、寅、卯、辰、巳、午、未、申、酉、戌、亥十二个地支相组合，从"甲子"起，到"癸亥"止，满六十为一周，称为"六十甲子"。亦称"六十花甲子"。又因起头是"甲"字的有六组，所以也叫"六甲"。如：2014年为甲午，过十年，到2024年为甲辰，其余以此类推。

天干地支和五行对应表

五行	天干	地支
木	甲乙	寅卯辰
火	丙丁	巳午未
土	戊己	辰戌丑未
金	庚辛	申酉戌
水	壬癸	亥子丑

股市起始：1990年12月19日为开市基日。

此日为1949年以后中国成立股市的开市之日。上证综合指数以1990年12月19日9点15分开盘交易为基日，以该日所有股票的市价总值为基期，基期指数定为100点。

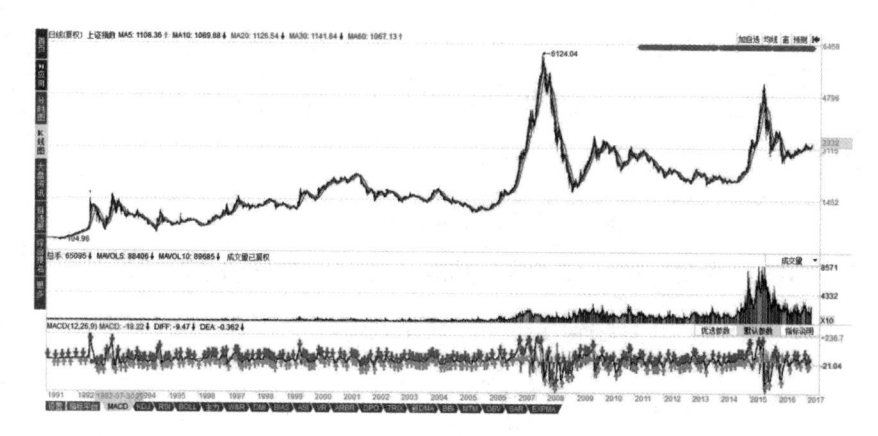

公历时间：1990 年 12 月 19 日 9 时开市。

农历时间：冬月初三日丁巳时，大雪中元。

当月节气：12 月 22 日 11 时 3 分冬至。

当日干支：庚午年，戊子月，戊午日，丁巳时。

以上是完整的干支记时，有两个午火，一个巳火，一个丁火，八个干支中有四个火，火为阳，代表股票一路蒸蒸日上。

天干"丁十年"，阶段性高点轮回。

恒生指数图：

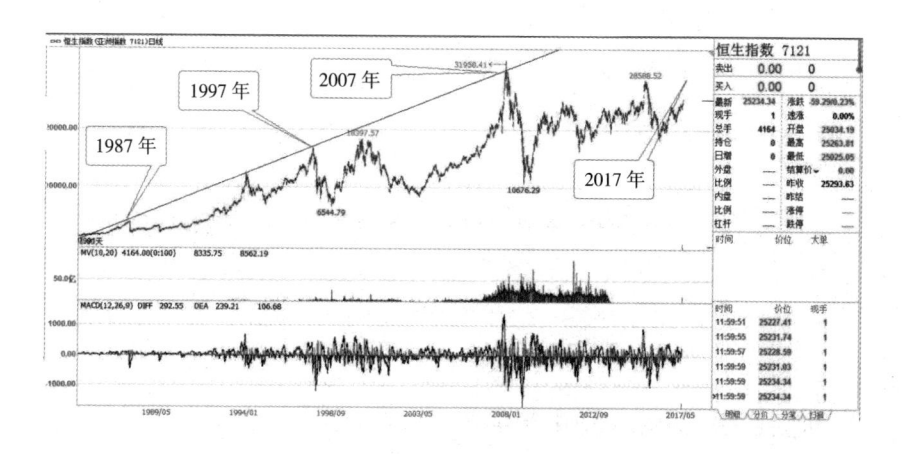

1987年丁卯，1997年丁丑，2007年丁亥，都是在高点，可见，十年一个轮回，按此理念2017年丁酉年也应该见到阶段性高点。事实的确如此。

天干"戊十年"，阶段性低点轮回。

1988年戊辰，1998年戊寅，2008年戊子，都见到了阶段性的低点。结果在2018年10月跌到次低点2440.63。

（4）东方波浪理论实战举例

K线波浪玄机实战：

上证指数从历史低位998点到2008年11月的1678点经历了41个月，从突破平台2006年的2102点起步到1678点，经历了24个月。6124到5178点经历了93个月，相当于四个24。从2668到3587点又经历了24个月。

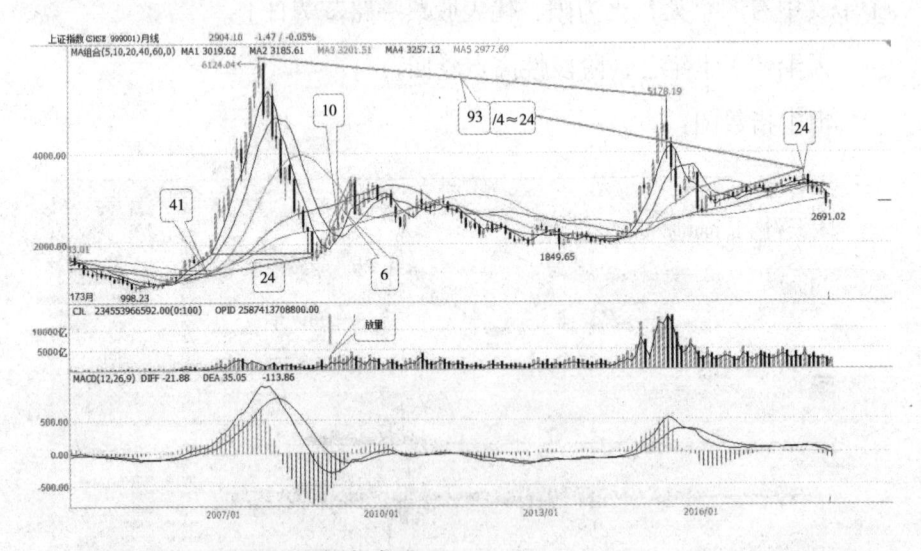

机会往往在阴阳失衡中产生。

月线图可以直观反映历史往往会重演，其实就是事物的阴阳平衡，人体阴阳不平衡就会生病，同样，股票阴阳不平衡就会出问题，宇宙规律就是不断地再寻找平衡，再趋向平衡，否则就会生病，就会灭亡。在寻找平衡中找机会，机会往往在失衡中产生。

K线平衡波浪构成。

阴阳即为太极，太极组成八浪：大八卦浪包含有小太极浪，大太极浪也包含小八卦浪，两者相互交融，互为体用。

市场运行周期数出自九宫数，九宫数出自河洛数。

《易经》曰："河出图，洛出书，圣人则之。"意思是黄河龙马背上出现"河图"，洛水神龟的背上又出现"洛书"。

河图生成数。

河图内四方的数字为生数，外四方的数字为成数。每一方两数相减均等于五。这个五就指五行。

其生成数为：

天一生水，地六成之；

地二生火，天七成之；

天三生木，地八成之；

地四生金，天九成之；

天五生土，地十成之。

生成数，是古人观察自然之象而得出的数。植物种子未萌芽之时首先需要的是水，所以水之数为一；萌芽之后还需要阳光才能生长，所以火之数为二；水火阴阳相合，植物苗壮成长，所以木之数为三；谷物长到秋天就要收割，金秋季节，收获季节，所以金之数为四；植物的生长和收藏都离不开土，土居中央，五为十的中数，故土数为五；十为成数之极。极者，指万物之归宿，藏入土中，所以十为阴土之数。故如图戊土为五，己土为十。

洛书数。

一、六　　二、七　　三、八　　四、九　　五、十

数字蕴含市场规律时间周期：市场周期数都是由数字组合生成，查看《河图》，四方有如下规律：

西方，四九为金，$9-4=5$；

东方，三八为木，$8-3=5$；

南方，二七为火，$7-2=5$；

北方，一六为水，$6-1=5$。

查看《洛书》，除去中宫5数，八方对称之和，均为10数，因此：

九，十分之一。一中含九；

八，十分之二。二中含八；

七，十分之三。三中含七；

六，十分之四。四中含六。

时间主要体现了"天道左旋，地道右旋"的天体运行规律。根据其生成过程，可以看出其次序排列的原因。

九宫数与江恩角度线的关系，如下图。

乾 90 度图

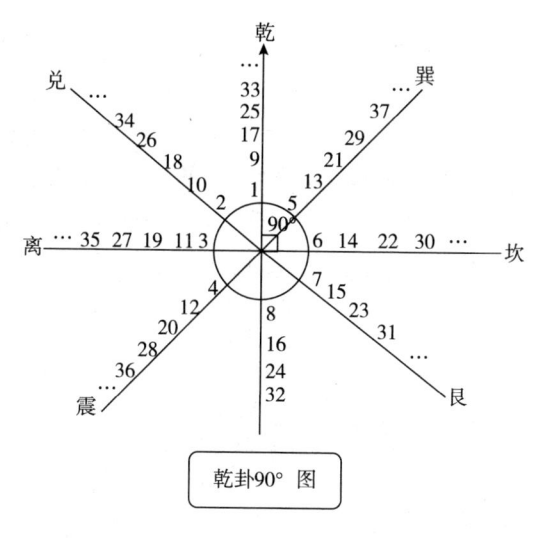

乾卦90°图

乾 45 度图

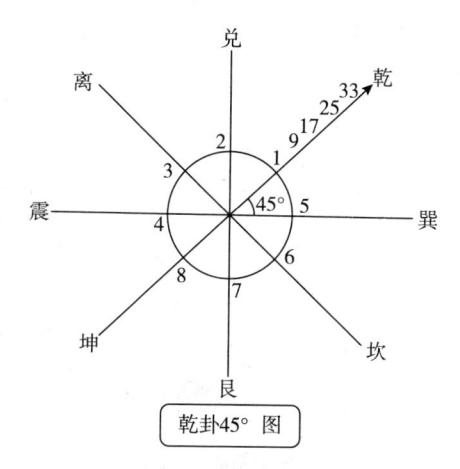

乾卦45°图

乾 270 度图

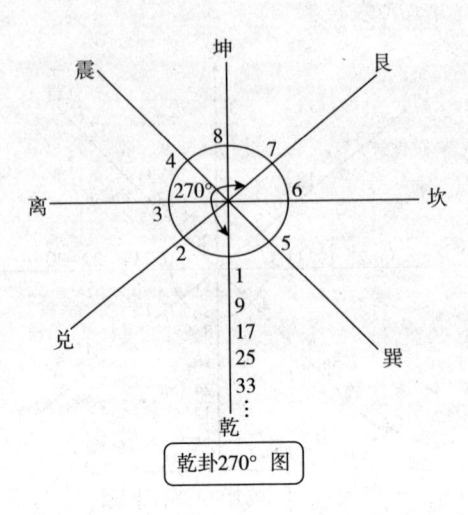

乾卦270°图

时间的阴阳能量分布。

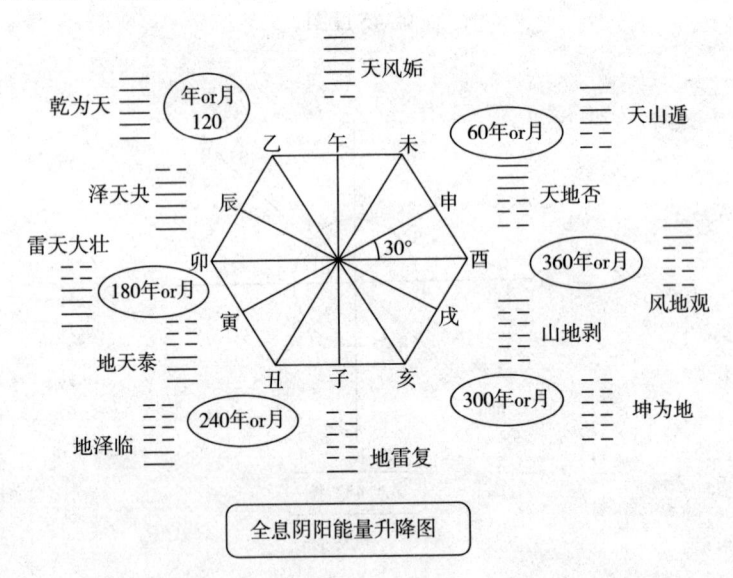

全息阴阳能量升降图

每个年、月、日、时都有一个消息卦所主。

如酉月（阴历八月，即阳历9月8日~10月10日），消息卦为"风地观"，阴能在不断地变大，阳能在不断地缩小，在数为巽风5、坤地8之数，这个月为基数对应八卦螺旋5、8对应的组数，酉月走势玄机多在八卦螺旋巽、坤组数内。

第七章
独家交易口诀问答总汇

一、市场理解与趋势分析

市场中主力和趋势要信谁

趋势，主力逆势操作也会死亡。

趋势是基本面和供求关系决定，是大众意志，有巨大推动力；主力为个体户，再土豪的资金在政策面前也一文不值。投资者要有不屈不挠的精神。市场难免一波三折，直上直下的可能性较小，要忍住、坐端、静待，不能对市场短期的风吹草动过于敏感，惊慌失措地胡乱砍包。

市场价格变化最明显的特征是什么

特征是趋势来反映的。曾经有一个赌徒，家徒四壁，天天跟老婆吵架，闹到要离婚的地步，后发誓今后不再赌博，可是没过多久，他又开始赌博了。类似的例子很多，赌博是有瘾的，炒股也一样，重要的是自己的克制力！炒股的人都想赚钱，熊市里很多人亏钱都说不再炒股了，可等到牛市来的时候又管不住自己了。失败了不要紧，关键是总结经验教训。有的人喜欢听消息，赢是稀里糊涂地赢，输则是必然的！

形态与趋势的关系不可分，先有形态后有趋势，没有形态就没有趋势，自始至终一边倒的趋势是不存在的，按照这一思维去观察和判断股市的机会和时机非常重要。所谓形态，本质上就是多空在一定区间内反复争夺波段的过程，在这一过程结束前，多空争夺未分胜负，一旦分出胜负，趋势就不可避免地展开了。

波浪理论中有个重要原则是什么

市场上涨波浪的形态不会简单地和前一波趋势完全一样。波浪理论的形态或构造，这是本理论最重要的部分。

如何应对信息对市场的影响

应采取与消息的方向相反，而和市场趋势走势方向一致的操作方式。说白了，就是不理消息，按市场原有趋势做。不要整天盯盘，寸步不离市场。不要天天注意市场运动的细节。忽略它，离市场远一点。

股市是什么地方

是有经验的人获得很多金钱，有金钱的人获得很多经验的地方。是盲目入场者的坟墓。人生并不只是谋略之争，某种程度上也是时间和生命的竞争。巴菲特多活10年，每年哪怕只有5%的持续盈利，其财富的总增长，也足以笑傲天下。

市场走势不利，放弃原先的想象

要快点跑。学会及时止损。一旦首次入场头寸发生亏损，第一原则就是不能加码。最初的损失往往就是最小的损失，正确的做法就是应该直接出场。如果行情持续不利于首次进场头寸，就是差劲的交易，不管成本多高，立即认赔。

顺势与逆势的比喻

顺势＝你的朋友，顺势就持有，让利润奔跑；逆势＝迎面开来一辆加速的列车，逆势要及时止损。

主力操作周期最少多久

主力操控股票的生命周期时间因股票的不同而异，但通常情况下在数月至数年之间。

主力上亿资金也就做一只股，散户如何

由于精力有限，散户也做2～3只股较好。不要贪多，否则风险来临时，逃跑都来不及。

为什么我选择的股涨得那么慢或不涨

别人选择阻力最小的股票，涨高还涨，强者恒强。

你选择在低位的，上方一大堆阻力，死筹，等待解套。你要冲关可想而知有多难。

走势绝对重要性能反映什么

通常能验证公司基本面的真实性，走势是首要证据。走势往往反映市场一切行为。

投资股票是资金在单位时间内的回报

有人买了三年才解套，有人买了三周就赚20%，真正的投资就像做生意，开公司做股票生意，下功夫是重要的。你是股票公司的老板，不是小散，在这个丛林法则下的市场，磨炼和修行。

每日盯盘，到底该看什么

如同钓鱼，你不要盯着水中的鱼，这些鱼游来游去和你没有直接关系，你要盯着鱼漂，鱼咬时鱼漂会动，就传达信号该提杆了。盯盘就是盯你的交易系统是否发出信号。

股市的魅力在哪里

同一只股票，相同的时间段，由10个人操作，最终会使10种不同的结果。看多看空不同，就有了不同交易。

市场只有一个方向指的是什么

市场方面既不是牛市也不是熊市，只是正确的方向。

能对市场进行正确判断同时又能坚持自己意见的人并不一般，这个本领带来什么

一个知道如何交易的人赚百万比对交易无知赚几百元更容易。

趋势鉴别的大法是什么

以50天移动平均线判断。上升趋势：收盘价高于移动平均线。移

动平均线向上倾斜。下降趋势：收盘价低于移动平均线。移动平均线向下倾斜。

　　此方法极为简单，效果比其他复杂方法更好，另一个优点在于它是客观而完全没有偏好的。

如何简单判断基本的长期趋势

　　用60天移动平均线与收盘价格对比的方法鉴别，60天均线在股市中称为生命线。

逆行市场通常的特点是什么

　　逆势的摆动具有反复无常，非常剧烈的特性，伴随着本金亏损，甚至精神崩溃。

趋势有3个基本原理

　　股票价格倾向于有趋势的运动，成交量跟随趋势，一轮趋势一旦确定之后倾向于持续起作用。

哪本书对道氏理论描述堪称技术分析的巅峰之作

　　爱德华兹的《股市趋势技术分析》

市场的语言是什么

　　图像形态是市场的语言，趋势就是市场的语言。

一把直尺打天下指的是什么

趋势。趋势就是市场运动的方向。趋势分为两种：上升趋势、下降趋势（震荡不属于趋势）。趋势的类型有主要趋势、次要趋势和短暂趋势三种。说趋势的时候一定要有对应的周期和对应的参照物，趋势永远顺着市场阻力最小的方向运行。

趋势既是观察金融交易市场（股票、期货、外汇等）而得到的规律性结论，又是市场主要工具——技术分析的三大基础：市场按趋势运行。趋势概念的起源为股票市场。一般认为：股价倾向于趋势运动；交易量跟随趋势；一轮趋势一旦确立以后，倾向于继续起作用。金融交易大师一般主张交易者追随趋势。更极致的亚当理论认为：市场有很高的几率，往某个特定方向移动一段时间。

图像没有错，有毛病的是图像分析家

华尔街箴言。有很多交易者自以为是，和市场作对，往往输得倾家荡产。

什么是牛市

趋势向上，价格长期呈上涨趋势的证券市场。价格变化的总趋势是不断走高，特征是大涨小跌。多头市场总体运行趋势是向上的，虽有下跌，但一波比一波高。买入者多于卖出者、求大于供，人气不断汇集，投资人追高意愿强烈，新开户的人数不断增加，新资金源源不断涌入。

什么是熊市

趋势向下。价格长期呈下跌趋势的证券市场。价格变化的总趋势是不断走低，特征是大跌小涨。空头市场总体运行趋势是向下的，虽有反弹，但一波比一波低，绝大多数人是亏损的，虽偶有机会但转瞬即逝，不易捕捉，操作困难。

什么叫次级趋势

在牛市中的回调或称作矫正，在熊市中的反弹或称作诱多。时间一般为3个星期至几个月。

什么叫基本趋势

牛市或熊市持续时间1年或几年。基本趋势又称主要趋势、长期趋势，即市场股价广泛、全面的上升或下降的变动状况，这种波动持续的时间通常为一年或一年以上，股价波动的幅度超过20%。基本趋势持续上升形成多头市场即牛市，持续下跌形成空头市场即熊市。

什么叫小小型趋势

很少长过3个星期，通常少于6天。

道氏理论来源于什么启发

大海的潮汐，波浪和涟波。大家应该都看过海浪海潮的运动。一位海滨的居住者在海潮来临的时候，在海中放了一根木桩，在每一波海浪的高潮在木桩上画上记号，随着记号越来越高，就知道潮水在不断上涨，最终会出现一个波浪在其上一记号处停止，并开始回撤到低于这一水平，落潮开始。这就是道氏理论定义的趋势。

描述一下牛市末端市场状况

市场活跃，沸沸扬扬，交易量持续蓬勃增长，可是股票突然下跌的情况出现越发频繁，"垃圾股"很多看涨，大家都忘了股市也许已经上涨两年了。价格盘旋而上，可是越来越多地高质量股票拒绝追随。

描述一下熊市末端市场状况

捂了好久的股票终于沮丧地抛出，品级较高的股票下跌的速度是渐进的，所有坏消息都露面了，有股市崩盘论等，此时熊市将结束。

八类图像模式是什么

头肩模式；复杂的头肩模式；图形转向模式；对称三角形模式；直角三角形模式；矩形模式；多重或三重的顶部和底部；单日反转（这一天成交量大的反常，称高潮日，提醒反转）。它们都有可能而出现在主要趋势的顶部和底部。

价格跟踪的关键点是什么

是突破的结构，是突破上涨了很久的结构，还是突破涨了一点的结构？要确认行情的结构。

市场需要基本功，如练拳站桩

基本功训练要从小资金做起，某甲1万元4年在期货做到几千万，要培养自己意志力和战斗精神，多接触更高水平的人，这样，瞬间顿悟可达到。

巩固形态指的是什么

一个股票孤军深入，向前推进太快，达到一个部位，在那里各种势力耗尽了能量，会回调到一个扎实的支撑面上，巩固并准备再次出发。

巩固形态多为三角形、矩形等。特点：巩固形态应当出现在一轮"直线"运动之后。成交量减少，直到价格突破形态之前，应在4周内突破。如果超过3个星期就应当提高警惕。

投机客应是"行者""忍者"，还是"学者""智者"

我认为是"行者"、"忍者"。一个交易经验丰富、市场理解深刻的投机者，在经历了长期的摸索和尝试以后，往往能够建立起自己的交易模式、套路，具有明确的交易思路和交易风格，其思维和行为方式具有逻辑性和前后一致性。在市场出现重大变化时，他可能采取什么行动，怎样操作，一定程度上是可以预测得到的。

投机是行动实践而非理论

行动而非说话，实践而非理论，是一个职业投机者的本质特征。

某种意义上说，现代金融市场训练有素的专业投机客，并非流行的科班教育体系可以培养出来，中外著名的高等学府也确实没有相应的投机专业。

现代高等教育过于强调智性训练，师生关系过分疏离的特点，并不符合培养一流职业投机客的素质教育要求。

对价格规律的理解

价格变化是什么导致的，是人们的预期。价格变化以波折的方式发生。调整你卖了，10天调整完又创新高，你被抛弃了，不敢追了。价格变化什么都可能发生，911事件，所有点都破了。所以不要满仓操作，永远不要满仓。

是什么让你坚持下去

这个市场确实有人成功了，说明不是死路。这是市场确实存在，而且有波动，有价差。

"涨"的不同

涨是怎么涨的，是扎扎实实涨，还是空涨；是小量缓慢地涨，急切地想抢盘地涨，还是可涨可不涨。

顺势本质是什么

表面是价格的趋势，本质上是绝大多数交易商的预期。顺势交易的本质就是亏了就止损、仓位要小；赚了就奔跑、仓位增大。

你现在最推崇什么交易理念

积小胜为大胜。我们只是一条随波逐流的鱼。如果发现自己处在逆势的潮流里,不要试图改变潮流方向,应该及时站在岸上观望,耐心等待时机,寻找顺势的潮流再跳进去畅游一番!

市场最不缺的是什么

机会。每年都有明星品种。也有一说市场不缺产品,缺的是好产品,以及将好产品卖出去的人。

牛熊为什么不可能永远持续

再牛的品种不可能一直涨,再熊的品种不可能一直跌,物极必反。

职业投资者,平均几年就会碰到一次"黑天鹅"事件

五六年。

商品市场一个品种,单边与震荡市所占的时间比例为多少

单边为30%时间,震荡为70%时间。

对价格的两个基本观点

第一,价格创造信息,如行情涨到2200有2200的基本面,如果涨到2400必然产生2400的基本面。

第二,市场中没有永远不可能的事,只有没有发生过的事。

"市场常常是错误的"这句话是谁说的

索罗斯,人为炒作下价格被扭曲,这时市场表现就是错误的。

2000点人不卖,1900点抢着卖,价格扭曲,抢买抢卖都没有把精力放在判断市场的对错上,只是一味地哄抢,这种行为决定了市场必定走向正确的反面。

期市与个人命运

在期市里,有时改变命运只需要二到三个月,因为期货市场有杠杆。

何为顺势

在上升趋势中做多;在下降趋势中做空;在震荡区间顶部做空,底部做多。

市场的点位

买点买,卖点卖;买点总在下跌中形成,恐惧阻止了你;卖点总在上涨中出现,贪婪阻止了你。一个被恐惧和贪婪支配的人,不适合在市场存活。

"罗马不是一天建成的"在市场上指什么

没有哪个市场在一天或一周一蹴而就,它需要一定的时间才能逐步完成发生、发展、终结的整个过程。

市场过去如此，将来亦如此是指什么

上上下下，不停运动。市场绝不是随机的。即使再多的学院派支持有效市场假说，哪怕他们叠罗汉能摸到月球，原因很简单他们错了；市场有规律可循，因为市场运动的基础是人的行为，特别是大众行为，而后者并不是没有规律的。过去如此，将来亦如此。

市场与交易者的比较

交易者没市场有耐性。格言：市场会尽一切可能把大部分交易者气疯。只要有人逆势而为，市场的趋势就会一直持续。

二、交易策略与技巧

追市技巧是什么

在行情真正突破时才介入市场，趋势只有在形态突破之后才会快速进展，但有时候，形态突破之后不是马上能一帆风顺地展开，而会出现一日或几日的回调或整理，此时最容易在黎明到来之后还丢掉仓位或对加仓没信心；随后快速上涨出现了，价格再度大幅远离形态，投资者却又信心十足地去追，结果盘中一回档，信心又动摇了，导致盘中正反皆错。到最后，即使有形态和趋势也没赚到钱。总之，形态对投资者交易心态的影响不仅表现在形态之内，也会经常表现在形态突破之后的趋势之中，只有克服了这一心态制约，你才能真正步入形态交易和顺势交易者的行列。顺势而为，其他时间多半是在等待中。

市场交易根本的原则是什么

顺势操作，趋势运动惊人，乃大势所趋，非人力所能及。趋势一旦展开就不易结束，直至能量释放完毕，新的形态日趋成形。

周K线有两根中阳线往往说明什么

一般后市有不错的上涨。大幅下跌后，周K线连续出现2根中阳线，后市看涨。

坚决反对哪几种交易

重仓交易、逆势交易、频繁的短线交易，出现亏损时没有控制风险，逆势操作。资金管理是战略，买卖股票是战术，具体价位是战斗。在十次交易中，即使六次交易你失败了，但只要把这六次交易的亏损，控制在整个交易本金20%的损失内，剩下的四次成功交易，哪怕用三次小赚，去填补整个交易本金20%的亏损，剩下一次大赚，也会令你的收益不低。

风险对比

房地产项目3年投资周期才知道结果。期货投资也许3天就揭晓了，或几分钟就失败了。期货不可能一夜暴富，更易一夜暴死。

期货交易赚大钱需三个什么条件

有心、有缘、有运！要学会分析自己擅长把握的机会，以己之长，攻彼之短。

有机会就捞一票，没机会就观望、离开；如果自己都不清楚自己擅长什么，就不要轻举妄动。与鳄共泳有风险，入市捞钱需谨慎。

克罗认为操作成功哪三个特质不可缺

一纪律，二纪律，三纪律。只有纪律才能取胜，交易之道，守不败之地，攻可赢之敌。100万元亏损50%就成了50万元，50万元增值到100万元却要盈利100%才行。每一次的成功，只会使你迈出一小步。但每一次失败，却会使你向后倒退一大步。从帝国大厦的第一层走到顶楼，要一个小时。但是从楼顶纵身跳下，只要30秒就可以回到楼底。

务求简单是指什么

KISS 即 keep it simple, stupid 的缩写，也就是务求简单，简单到不用大脑。大道至简。

"谣言出现时买进，消息出现时卖出"是指什么

到消息公之于世时，要采取行动总是嫌迟了一些，题材出现为第一，技术分析第二，基本面第三。有谣言即有题材了，买进，出利好就兑现，卖出。

做长线者百宝箱里有什么

专看周线图、月线图。这些长期趋势图除了能对主趋势提供一目了然的画面外，还可看出何处阻力位，何处支撑位，侧重于长期的良好的技术系统。

江恩线发明家说

"当心三月份"，要人都有自己的忌神月，你观察每年几月份一般不利。对顺势交易者，一二月份最忙碌，价格波动剧烈，走势乱窜。期货投机大师江恩强调季节重要性，认为季节是价格分析中非常有力的工具。举例，江恩观察1841年到1941年小麦101年间，每月创极低的改价格次数如下：一月2次，二月7次，三月12次，四月14次，五月5次，六月9次，七月6次，八月16次，九月18次，十月13次，十一月10次，十二月12次。八月收成后，创低点次数最多，他建议三四月反弹时买入，大部分头部在5月份出现，5月份以后真的见到市场明显强势，那就应该防控，等着季节趋势把价格带到八月最低。独门秘籍《谷物操作黄历》构成如下小麦专门"历法"：2月22日，谷物暴跌，看空情绪大时，买进小麦。7月1日，收成看好时，买进小麦。11月28日，收成受伤害消息时，买进小麦。1月10日，价格涨太高，卖出小麦。5月10日，最后一个冬害消息出笼，卖小麦。9月10日，黑穗病引发惶恐，卖出小麦。

上涨了20%的股票，何时是加码点

如果一只股票自第一突破口突破后，迅速上涨20%，其缩量回调

10%，此处为关键加码点位。

上涨20%的股票，又一加码关键点是哪里

20天均线不跌破且守住，而且伴有放量，此时有形态关键点位突破，此点为正式加码点。

民间选股，十二字真言

大牛市：胖白高（蓝筹股、中字头），小牛市：秀雅娇（高科技、高业绩、活跃股），小熊市：妖媚骚（兴风作浪，活跃无比，过山车），大熊市：黑麻糟（万念俱灰，垃圾股，ST）。

只有一招买在杯柄是什么意思

底部调整是杯形，这是静观，在杯柄形成后再买入，有人一辈子就炒这一种形态，发了大财。可以说基本70%以上的底部形态都已神似的归于这种形态。

炒股中明心见性的一句话

一根移动均线50天，上面主买，跌破主卖。这就是股票的股性。这就如同佛法，浩如烟海的三藏十二部经，总归一句话就是"阿弥陀佛"，此一句乃万法之总持。"如果能再拿一段时间，就能赚大钱"，为何频繁发生？缺乏技术和耐性，"紧抱不放"并设好止损。（杰西·利弗莫尔）

用三张卡片的重要性

把投机和避险的策略，良好的资金管理原则，赚钱制胜的个人和情绪特质，分别记在三张卡上。一张贴在记事簿上，一张放在办公桌抽屉，一张放在身上，目的是随时看到。

止损和不要想着去抓头部与尾部的重要性

止损是指："带着一点小伤跑开的人，来日一定能活着赚大钱。"不要去试各种策略，很费代价，用那些已证明的真法去真市场做。

对一趋势长期投机者，不应当试图赚取小额逆行趋势利润

因为最终市场可能抛弃你，你坐在市场边缘而没有入市，更可能由于巨大波动而导致的巨额损失。但请记住，为你赚取巨额利润的是巨大的正向趋势波动。

股票交易商对更易变动的股票要松一些止损限度

止损限度在 15%～20% 之间，如一笔 30 元股票交易，止损出场限额在 4.5～6 元之间。（斯坦利·克罗方法）

如何做才能不将可观利润变成损失

建议策略，在每周五收盘后推进你的止赢价格，数额大小相当于本周价格有利移动量大小的 50%。例如你买多黄金上涨 10 美元，那么止赢价为 5 美元。

有利的头寸应持有多久

能多久就多久,克罗曾经持有糖的多头寸达 5 年之久。

移动平均线是一种最广泛应用的趋势跟踪工具

例如,买入,当较快的平均线往上穿过较慢的平均线时,这是上升趋势的信号。如 5 天上穿 20 天平均线。

卖出,当较快的平均线往下穿过较慢的平均线时,这是下降趋势的信号,如 5 天下穿 20 天均线。

真正长线投资者所关心的事是什么

基本趋势。基本趋势一般持续 1 年以上时间,有时甚至好几年。

中长线入眼,小短线思维入手是什么

长周期从周线上看趋势,小周期从 30 分钟、60 分钟入手,甚至有的交易者从 1 分、5 分钟去入场。

日内和隔夜哪个带来更多利润

不能一概而论,要有变的思维,见机行事,看品种,看趋势。

交易是一个完整的系统吗

不要轻信他人,听他人的进去容易出来难。系统是指导我们做交易的根本,所以系统的完整性就决定了交易的准确性。那么一个完整的系统包含哪些内容,核心又是什么?这是任何交易者都关心并重视

的。交易系统的内容有这几个方面：风险控制部分、交易信号部分、进出场原则部分和盈利预期部分四个部分。缺少任何一部分都是不够完整的。

什么是"阳线止损"

行情上行的预期很强就进场，但如果阳线被完全收回说明上行是假的，此时止损，止损就设在阳线底部。

震荡中如何操作

震荡中就做一边，比如只做空，价格下来就平仓，获利就走。

什么叫"硬性止损"和"高级止损"

硬性止损，比如亏损达到10%就斩仓出局。
高级止损，指行情已发生逆转时果断止损，一定不让自己伤筋动骨。

如何解决投资者遇到的普遍难题

仓位控制用个比方，如有1000万元，要分成10次，每100万元相当于一条命，给自己10次机会，不要把10条命拧成1条命，最终爆仓走人。

不看K线，只看报价是一门绝活，为什么

图表代表过去，而交易是预测未来，过度关注图表可能会对交易有误导。

技术面与基本面相背离时如何操作

技术面的形势再好,如果和基本面背离,则反而是最好的反向操作时机,可以逆势重仓。

不要轻易放弃仓位

想让我把仓位放弃掉是很难的。

任何一个期货品种最终交割有何特点

一个品种合理性一定是最终交割的时候它的价格跟现货是要接轨的。

为什么"平仓"是期货的难点和魅力所在

两种方法:一是目标价位平仓,一次性平仓;二是止盈平仓。认为还涨就选择部分止盈,等价格再突破,再止盈一部分,直到全部清仓获利。

行情中的操作策略是什么

短平快的手法。弱市行情和强势行情是相对的,我们要明白市场交易是由千万个机构和无数的投资者组成的,里面涵盖了大大小小的资金,从而选择不同交易时间,以及买入不同股票。因为存在认知不同和交易理念不同,这个时候就形成不同状态,分为强市和弱市两个阶段。

真正参与进去要等一个什么信号

持仓量和成交量的提高，个股进驻5大信号。

①当股价处于低位时，如果多次出现大买单，而股价并未出现明显上涨。②委卖大于成交，大于委买，价格上涨。③股价大幅下跌后，进入横向整理的同时，间断性地出现宽幅震荡。④原先成交极度萎靡，某天起，成交量逐步放大。⑤分时图忽上忽下、委买，委卖价格差距非常大。

股指期货的一种平仓方法

如果刚开始赚钱时，把成本线作为平仓线。

目标平仓。每一次下单同时设好止损和止盈目标位，建议止盈目标起码是止损的三倍，同时按照固定损失金额调整开仓头寸，适用于震荡行情。

止损平仓。有一定的盈利时提止损保护成本，然后随着行情的发展根据技术图形提止损，直至止损被打掉，适用于单边行情。

次顶平仓。当观察到价格无力再创新高，有回落迹象时即平仓。

期货市场上的价值投资运作方法是什么

以多品种组合，每个品种轻仓，中长期持有。

任何一个价格点位，有什么说法

任何一个价格点位都是利多和利空因素交织在一起的。

必须抓住的主要矛盾是指什么

商品期货，供需是主要矛盾。股票是预期为主要矛盾。

另一种交易原则是什么

短期而言，保留底仓有利则加仓，不利则平仓。

期货涨多少就可平仓一部分

波动3%～5%，也有不少利润，可考虑平仓。

重仓交易必须坚守什么

止损，才能保证不被极端行情消灭。"黑天鹅"往往在不知不觉中发生。

总资金回撤达到多少强制止损

一般为20%，还有的人是做中长线投资最多允许自己的股票亏损达到30%。也就是说资产损失达到30%就进行止损。这些人可能不懂投资，但是他们知道要保存自己的资本。

还有的人做长期价值投资，有可能总资产亏损50%都不进行止损。因为他们更关注的是企业的发展前景，而不是行情的上涨和下跌。

亏损加仓要慎重，如何加仓

加仓最好等趋势四档时。加仓方法就是金字塔加仓法。总结一下就是我们先买入一部分底仓，比如50%，股价上涨到一定程度再加仓 30%，再上涨就加仓 20%，分步完成，每次加仓逐步降低数量。具体分几步完成，需要根据自己的经验和实际情况来做决定。比如，3+2+1+1，又或者是 4+3+2+1 等等。

积累回撤达总资金多少则离场观望

一般为 35%。

任何投资设下几道风险线

2～3 道，如 60 天均线不出场，90 天均线破一定出场。

止损其实有很多种方式，什么是最高级的控制风险

如仓位管理。仓位管理就是在你决定做多某个投资对象时，决定如何分批入场，又如何止损/止盈离场的技术。仓位管理不涉及选股选时技术，甚至有仓位管理专家试验过，通过抛硬币决定做多还是做空，在这样的随机决策下，依托好的仓位管理技术依旧可以赚到钱。

做单的方向不能轻易改变

价格的发展需要时间，所以趋势不轻易改变，故做单的方向也不轻易改变。

股市中无止境，在实战时候以什么为主

在实战时候，以机械法为主。交易系统以风控为王、趋势为主建立自己的交易系统，是一名成熟的股票投资者的重要标志。

交易系统是指在证券市场中能反复使用，并实现稳定赢利的一套规则和方法，主要内容包括良好的风险控制、科学的资金管理、有效的分析技术、理性的交易策略、严格的交易纪律等。总之，风控为王、趋势为主。

投资的要点是什么

①性格。要有耐性。诱人的机会总是转瞬即逝的，真正好的投资机会不会经常有，也不会维持很长的时间，所以你必须做好行动的准备，要有随时行动的思想准备。②多样化投资。同时追几只兔子，可能都抓不住。③长期投资。④投资困境：第一什么都不做，第二没有足够钱。⑤投资的游戏规则就是不断地学习。

为什么要在关键点及时入市

如果不及时入市，就会丧失大段利润储备，在后来行情演变过程中，直到行情终了，这段利润储备都是勇气与耐心的可靠保证。

伟大交易员的法则是什么

防守，再防守，而不是进攻，每天我会假设自己的头寸都是错误的方向，我紧盯止损点位，这样我可以控制自己的最大亏损值。但愿市场和我的预期一致，如果我错了，我也有离场计划保底。

价格与预期不一样时，是再等等看吗

不，立即出场。因为之后你随时选择回来，没有什么事比一个全新的开始更好。

给出一种入场点

选择以前一天的收盘价入场。当日下探到前一天的收盘价附近或次日开盘低点时进场。首先要确定方向，根据"势"确定方向是多还是空，方向确定后再寻找重要支撑压力位，这一点非常重要。多空双方就好比战争中的交战双方，支撑压力也就是敌我双方的防线和工事。这工事也有大小之分，也就是期货中的重要支撑压力位和非重要支撑压力位。在没有防线的地方，敌方可以轻易攻破，而在有防线特别是防线较严密的地方却要付出惨重的代价。这也就是交易中多空主力激烈争夺的地方。

50ETF 期权学习六条宝贵经验

①从买入少量期权试水。②不要买入太贵或太便宜的期权。③不要幻想交易，止盈止损很重要。④期权不是做多做空那么简单，合约选择也很重要。⑤慎买深度虚值期权。⑥慎买临近到期的期权。

50ETF 期权可以买涨也可以买跌，T+0 交易模式，不爆仓、不强平，锁定风险，追求无限利润。股市下跌行情中，没有好的股票操作的时候，交易 50ETF 做空赚钱是不错的选择。

三、心理、路径与决策

投机者在市场中的最终结局取决于什么

人的修养和境界。交易实质是心理游戏，与别人角逐，也与自身的内心与人性对抗。入场之前，静下心来多想想，想想自己有多少专业技能支撑自己在市场中拼杀，想想自己的心态是否可以禁得住大风大浪的起伏跌宕，想想自己口袋中有限的资金是否应付得了无限的机会和损失。炒股如出海，避险才安全，海底的沉船都有一堆航海图，最重要的交易成功因素，并不在于用的是哪一套规则，而在于你的自律功夫。

毁灭投机者最快的捷径是什么

超短线交易，或日内分时交易。多做多错，少做少错，不做不错。明显下跌趋势中，20～30点的小反弹，根本不值得兴奋和参与，有所不为才能有所为，行动多并不一定就效果好。有时什么也不做，就是一种最好的选择，不要担心错失机会，善猎者必善等待，在没有大机会的时候，要安静的如一块石头，交易之道在于耐心等待机会。

谈谈决策方式

决策方式：天下唯一确定的事就是不确定；任何决策都是均衡几率的结果；一旦作出决定，立刻付之于行动，行为要果断迅速。

交易高手较量的是什么

不是技术水平的较量，而是投资哲学的较量，心态和境界的较量。投机的核心就是尽量回避不确定走势，只在明显的涨势中下注，并且在有相当把握的行动之前，再给自己买一份保险（止损位摆脱出局），以防自己的主观错误。做交易，必须要拥有二次重来的能力，包括资金上，信心上和机会上，你可以被市场打败，但千万不能被市场消灭。

投机要适可而止

投机者若失败，失去的不仅是金钱，还有时间，甚至身体的健康。所以选择性投机交易见好就收，适可而止。

如何做个真正理智的交易者

当市场机会非常确定时才去拿钱操作，要有极大的耐心，等待、等待、再等待，在技术图上出现明显信号再入市。来得及，不要急，市场会自动给你极佳的机会。

19世纪知名棉花操作者华特兹，仓位规模叫他夜不安枕，怎么办

那就卖到你能够安睡为止。要相信自己的直觉，有时候自己才是自己的命运指导者，道听途说往往会害了自己。

好的炒股本领为何可改变命运

在攀登这个社会金字塔的过程中，走得越高，财富越多，而看到的风景也会越多。

一句话概括墨菲定律

描述事物发展趋势和倾向，某时可能变坏，那么最终就会变坏。即要啥没啥，怕啥来啥。

如何避免墨菲定律交易的负面影响

止损和止盈。比如，在做计划时，可以考虑到可能出现的变化，预留足够的时间和资源；避开墨菲定律并不是一件容易的事情，但是我们可以通过规避风险、提高自身素质、制定有效的应急计划和保持警觉和警惕等方式来减少其影响，这不仅能够提高我们的生活和工作效率，还能够为我们的安全和健康保驾护航。

持续赚大钱交易商特点是什么

他们多为长期头寸交易者，他们是追随市场行情趋势的人。

斯坦利·克罗通过大额头寸获取高利，这些头寸中持有长达8个月或10个月，其中一笔头寸，持有期长达5年。

众多投机者技术不差上下，如何分别赢家

主要依据是看其是否一贯地，有约束地运用着一流的和可行的策

略。有一套成熟交易系统，并且不断地完善。

为什么有人进行模拟交易总比实际交易好很多

在模拟交易中，只有赢的欲望，没有真刀真枪，而在实际交易中则主要对输的恐惧心理起作用。

如何避开小道消息

成功的投机者们，注意力集中在一个详细而有实效的技术因素和指标的分析中——从混乱中找到条理性。

海特说有关交易是"禅宗似"的行业，为什么

这个行业的内核似禅宗，你最有用的工具是你自己。你要自己定制交易模型，坚持市场检验，要自律，要有好身体，还要有内心的强大。

炒股四字境界是什么

缓：可以三思；含：可以养富，退：可以远祸，静：可以益寿。

"期货市场总有一个错误伴随着你，每个人都一样"

爆仓这个错误上，就看技术和运气了，期货市场运气也是非常重要的。永远不要没有设定止损就开始一笔交易。

自信心膨胀预示失败

感觉自信心太过的时候就要停止交易。大部分人做事失败的主要原因是因为实际能力和想象存在着差距导致的。在投资决策上的过度自信，表现在很多投资者相信自己就是市场中的幸运儿。

这时候先出来（结束交易）再说

假如你有100万元，两天就赚了20%～30%，这时，你先出来再说，先别理什么基本面，纠结于什么指标，也别谈资金管理，主要把钱留住。

如果1000万，半小时赚20%～30%，多200万元、300万元，这时，先留住钱为上策，一套房半小时到手了，你不要傻，先出去，留住钱，过几天再回来，再赚20%～30%（翻倍也就很容易）。

选择500万元资金1年翻5倍，还是5亿元资金1年赚5%

找个适合自己的资金量，不是说资金越多越好，比如你有1000万元，拿200万元操作较好。

进入期货市场的第一天就应有的心境

当做一生的事业来做，否则就别做。一定要有思想准备，商场如战场，不能掉以轻心。

"要握住赢利单"是指

一旦认准方向，就敢于把单子拿到底，绝不轻易收兵。

如某乙将黄金从214元到260元拿3个月，即使盘面有反复，也要坚持一下，不怕后悔。

在风险特别大的环境中生存，要做到什么

风险意识不强，就被他们给拿走了。预防措施：在进行风险评估和预测时，采取有效的预防措施降低风险发生的可能性，有效的预防措施通常包括规章制度、监督机制、安全防护措施等。

最痛苦的总结是什么

赚了钱是偶然的，亏钱是必然的。还有最苦的莫过于钱挣了，而健康不在了。史上最痛苦的事，莫过于挣了很多很多的钱，却没有命去花。

最大的挫折是什么

爆仓，尤其是满仓爆仓。

没有经历过爆仓，没经历过切肤之痛，想成长都是不现实的。

爆仓经历带来的四个总结

第一是重仓交易；第二是多品种交易；第三是偏执性交易；第四是性格缺陷。

如何做到不再急功近利

把重仓毛病改成"积小胜为大胜"，多品种改为专注某一种，偏

执性交易改为随市场变化而变化,把一种品种当成自己的结发妻子,感冒,发烧,小脾气,心里都有所掌握。

期品似什么

期品似人品。同气相求,一般什么性格关注什么品种。

投资就一句话

有所为有所不为,不学会放弃矮矬穷,就永远不知道什么是白富美,只看最强的行业,最强的股价最强的股势,最强的业绩成长性。放弃一切"小强"标的,不是什么钱都能赚的。

什么是做期货的根

有颗谦虚的心,戒骄戒躁。心态不好,是表象,是外在的表现,而非根源,是"果"而非"因"。

一个交易者,需要有效解决顺势、止损、规则、执行力这四个交易成功的核心要素,再辅之以主动而适当的自我调整,假以时日,心态也就逐渐平和,不以涨喜,不以跌悲,不以行情调整而忐忑。

期货是浓缩的什么

期货,是浓缩的人生。这句话虽然听起来有些玄妙,但却蕴含着深刻的哲理。期货投资,既是一种理财方式,又是一种生活态度。在期货市场上摸爬滚打多年的人,往往能从市场中领悟到一些人生哲理。

好多高手有这样的经历

开始做短线——满仓操作

当资金积累到一定程度——转做趋势交易。

"冲动性交易"弊端是什么

有巨大的破坏性，严重威胁资金安全，冲动型交易是短线交易，而且是超级短线。日内短线交易是毁灭投机者快捷的途径。

期货是个没有自豪感的行业

因为稍微一得意就会吃大亏，永远战战兢兢。这行"黑天鹅"情况非常多。

优秀操盘手基本标准

每年稳定20%收益，把最大回撤控制在5%以内，才能管理较大规模基金。其中技术因素占30%，个人修养占70%。

成功比较重要的一点是什么

坚定趋势比较明朗的交易。若做多，一般找市场最激进最强势的一个品种，从不在弱势品种上做多。

赚大钱的人的个性特点是什么

都不是做短线的。赚大钱的人往往具有非常强的资源整合能力，他们可以通过对自己的人脉、技术、信息等方面的经营整合来获得更多更好的机会。

试举一个稳亏性的方法

重仓搏一把，也许成功一次，只要失误一次，就灭亡了。

期货也符合以奇胜，以正合

曹操用7万人马官渡之战战胜袁绍。你可能50万元就能盈利2000万元。客户有5000万元，拿出100万元来交给他人炒，分散风险。

财是什么决定的

善。善能生财，想做好投资，务必要遵从真心为善的人生大道。

投资的精髓在于什么

在于自我心态的管理。

在投资哲学里，良好的心态管理胜过一千次调研，一万次模型构建。

投资如船，怎么讲

价值投资理念是船，基本面是舵，技术面是桨，趋势研判是航标。

普通交易者投资失败的八大因素是什么

1. 资金管理失控，重仓操作。（如高速飙车）

2. 没有认识到在金融市场，纪律所具有的无比重要性。（对待止损不是果断地快刀出手）。

3. "止损"形同虚设。

4. 没有科学且明确的交易系统。

5. 在个体身体和情绪不佳时交易。

6. 在没有积累多年交易的经验情况下，贸然参与高风险品种。

7. 加死码（给亏损的头寸加仓）的习惯。

8. 逆势交易（尤其逆势隔夜持仓）。

为什么止损是非常正常的

一位投机大师讲：我 95% 的利润是由 5% 交易创造的，大部分交易是亏损的。只因为抓住了获利机会并紧握不放才取得成功。

平时该如何操作

像一只潜伏的豹子，磨炼爪牙。

索罗斯投资启示 36 条完整版

1. 乱局即大局。

2. 见坏快闪开，认赔出场求生存。

3. 昨天的历史，明天的走势。（鉴往知来）

4. 一些平淡无奇的话，它听起来可能就是重要的买进卖出的信号。（缘起论）

5. 小心，风险就在你身边。

6. 仙人炒股有时也错，错误为投资的必然。

7. 勇于认错的自省精神。

8. 最大的天赋——化繁为简。

9. 在前进中整顿。（顺势调整策略）

10. 开放式沟通，充分授权，恩威并重。

11. 要有自己的舞台。

12. 有垃圾中找黄金的慧眼。

13. 不听任摆布，有自己规矩。

14. 市场，我永远不相信你。

15. 神秘的第六感。

16. 存活下来，一切好谈。

17. 分散风险就是致力于投资组合。

18. 最高境界，无招胜有招。

19. 融资，小心融资。

20. 无心插柳尚且成荫，有意栽花当然要发。

21. 见风是雨的联想力。

22. 亲自了解而不是道听途说。

23. 我不是冷血动物，而是冷血投资动物。

24. 看到缺点，我就放心。

25. 低买高卖有条件，选购股票像逛店。

26. 不在乎别人怎么看自己。

27. 时间换空间，空间也可以换时间。

28. 果断。

29. 彻底分工就是彻底成功。

30. 冒险不是忽略风险，豪赌不是倾囊下注。

31. 政府护盘，反向指针。（政府降息，经济不好）

32. 闲下来思考。

33. 有专攻，定位自我。

34. 多重角色于一身。

35. 大处着眼。

36. 风雨不惊，无怨无悔。

频繁交易导致交易质量下降

因为脑子有太多情绪。身体、心理、智力三者的高低起伏周期分别是23天、28天、33天。当身心处于低潮，就避开市场。

不要和交易品种谈恋爱

比如一个杯子，价值5元，若给它加附加值，就等于给投资加光环，就是非理性投资。

什么是1∶2∶7原则

有人统计，100位投资者中，70位稳定赔钱，20位保本不亏，10位盈利。

盈利10人中，7人做趋势交易，2人做波段，1人做短线。

另一结果，100位做趋势的人中，有70位活下来；100位做波段的人中，有20位活下来；100位做短线的人中，有10位活下来。

为什么做得越短亏得越多

所有止损的单，如果不平，有 98% 的概率在未来两周内扭亏为盈。

所有止盈的单，如果不平，有 9% 的概率在未来两周内实现更大的盈利。

盈利的客户中，85.2% 的盈利来自于 5 单以内的盈利，这 5 单特点是：持有基本上都在 2 个月左右，基本上都是单边市场。

人生 14 条箴言

1. 事实上，成功者大多数时间无所事事。
2. 如果想赚更多钱，避免多元化，找好一条路，走下去。
3. 牛市会让很多人犯错。
4. 在市场回归理性之前，很可能你已经破产。
5. 无论我们现在怎么想，10 年或 15 年后未必对。
6. 做足功课。
7. 走自己的路。
8. 全球都在印钱，大宗商品可以进入牛市。
9. 中国古老哲学蕴含天机。
10. 在中国去做个农民，机会大。
11. 如果有机会投资，10、20、40 年后，你会富有。
12. 印度不适合投资，但去旅游不错。
13. 只能做空他国国债。
14. 我曾经很穷，我不想再次陷入贫穷。

穷人会一直穷下去，富人会一直富下去，区别是什么

风险意识。上流社会的风险意识是这个阶层的一个显著特点，厌恶一切风险。

投资就是以什么来换取财富

以时间和生命来换取财富。坚守价值投资理念就必然要忍受时间的煎熬。

将利润留给多少自己

留一半给自己，不要将利润的50%以上再冒险投向市场。

价值投资的箴言

1. 我不知道最终它能涨多高，这笔投资不会走下坡路，它有潜力越涨越好。

2. 获得令人满意的回报并不需要你成为一名专家。

3. 保持简单，不要孤注一掷，以卵击石。

4. 当有人向你保证获得短期暴利时，立即说不。

5. 对股票投资者来说，其所持仓位的估值会剧烈波动应该是一个巨大优势。

6. 在市场处于高位时，投资者可以长期持有股票，永远不要在市场出现负面消息以及股价远低于高点的时候卖出。

7. 经验不足但清楚自己的不足之处的投资者，有可能获得更好的长期回报。

如何做到三家

复杂的事情简单做，你就是专家；简单的事情重复做，你就是行家；重复的事情用心做，你就是赢家。

亏损的四大原因

第一是交易系统不完善；第二是切入点不好，经常看对做不对；第三是盈利的单子拿不住，亏损的单子死扛；第四是亏损还加仓。

世界船王奥纳西斯如何看风险

风险越大，赚钱的机会就会越大。到别人认为是冷门的地方，你会赚到数不清的钱。

全世界最经典的十种思维是什么

1. 上帝思维：关爱别人，利益自己。
2. 司马光思维：打破才有生机。
3. 孙子思维：知己知彼。
4. 拿破仑：敢想敢干。
5. 亚历山大：成大事者，不受陈规旧习束缚。
6. 哥伦比亚：想了就要干，在众人认为不可能的领域闯出来。
7. 拉哥尼亚：简练才是真正的丰富。
8. 奥卡姆：抛去表象，直指本质。
9. 费米：最简单往往是最合理的。

10.洛克菲勒：时时求主动，处处占先机，以最小代价，求得利益最大化。

交易者的座右铭是什么

做交易就像军队打仗一样，所以信号就像将军指令，需要坚决执行，该冲锋时一定要上，该撤退时一定要遵守纪律迅速撤退。

成功根本没有秘诀，如果有是什么

只有两个：第一是坚持到底，永不放弃；第二是，当你想放弃时，记住第一条。

如何模仿鳄鱼的生存去投资

鳄鱼吃一次后，几个月或一年不吃。

鳄鱼长期埋伏，甚至数周数月一动不动，耐心等机会，当猎物靠近，突然进攻。投资发现标的，耐心等买入时机。

鳄鱼另一种捕猎方式是守株待兔式，每年春天，角马群必经河口，它们伏击于河口。周期性的投资，如航运、矿产、贵金属、大宗商品，每年都有1次机会。

对于不确定的市场，最确定的做法是减少交易。

投机交易是一种赌博还是生意

是一种生意，严肃的生意，所以下定决心认真学习，尽己所能使自己对这项事业的领悟提升到更高境界。

永远别做任何交易，除非什么

除非你确知这样做在财务上是安全的。记住，一定要保住本金。如果投机者足够聪明，知道在什么情况下不应该过度交易，这种做法才是正确的。但是，只有极少的投机者能够足够明智地停下手来。千万不可失去自制力，失去那种特殊的平衡感，这二者对成功来说是至关重要的。

举例说说简单的心理边际效应

甲去买烟，烟29元，但他没火，跟店员说"顺便送盒火柴吧。"店员没给。

乙去买烟，烟29元，跟店员说"便宜2角吧。"最后，他用2角买了盒火柴。这就是简单的心理边际效应。

应遵循的三个丢弃原则

1. 任何事物，只要让你心情沉重，让你对自己有不好的感觉，阻碍你前行的，把它丢掉。
2. 任何事情，如果只占有空间，对你人生毫无正面贡献，请丢掉。
3. 任何事情，要丢还是要留，得在很长时间权衡利弊，或是烦恼不知所措的，那把它丢掉。

人的一生最重要的两件事情是什么

善于选择和敢于放弃。许多人一生碌碌无为，就是因为舍不得放弃，敢于主动放弃，那标志着新的人生的开始。

为什么说感觉良好时，就要小心了

永远质疑自己的能力和判断，不要自我感觉良好，一旦这样你就已经输了。你需要自信，但随时审视这份自信。我们都会经历各种坎坷。我们可能会对我们的成就和进步感到自豪或满意。这种自满的状态往往是一个警报时刻。因为当我们对自己过于满意时，我们往往会忽视自己的缺点，陷入自满和骄傲的陷阱。首先，对自己感到满意的人往往会忽视自己的缺点。有时，也要防止大意失荆州，或一时兴起而引发骄兵必败，满盘皆输。有时鲜花的背后都是陷阱。

哪句话，对很多交易员是绝望的打击

这句话是，从长线看你永远无法战胜市场。因为这点，使人们将防守摆在第一位。交易多了，就会害怕交易，害怕犯错，每一笔亏损都可能是压死骆驼的最后一根稻草。

四、金融知识与工具

降息对期货以及股市的影响

降息对企业利好，很多企业贷款；对银行利空，对融资融券等虚拟经济是利好，股市期货资金会更多；对债券绝对是利好。在商品价格很便宜时，降息肯定会增加抄底的资金。对房地产融资更有利，短期利好。对政府工程利好，有利增加需求；对商品利多。

股评家的评论能听信吗

不能听,跟着国家走,吃喝啥都有。

中国股市是赌场吗

尽管有黑庄和乱庄,但股市特点一:赚钱人挣得钱是赔钱人赔的钱;二是企业创造的利润;三是虚拟、预期。而赌博是游戏。

钞票的流年发展史

钞票出现在1666年,丙午年,货币出现在4000年以前,石头、海贝、青铜、白银、黄金都曾充当货币。纸币出现在1023年、1024年,癸亥年,甲子年。其中子、午年,很有意义。

如今有127种钞票,不计其数的版本,最大面值为津巴布韦的100万亿,曾只能买一个鸡蛋。

做空为什么常常收益速度快

滑的比爬的快。从帝国大厦的第一层走到顶楼,要一个小时,但是从楼顶纵身跳下,只要30秒,就可以回到楼底。

有关保证金的策略

当被催交保证金,这个明显信号说明你运气不好,业绩不佳而亏损,此时不赞成存入新的资金来维持保证金的要求,用新钱去保卫一个无力的头寸是毫无道理的。

恰当的策略是清理一部分头寸来减少保证金的要求和降低风险程度。

对技术指标是"多即是好"还是什么

是好即是好，不论它有多简单。没有完美的和正确的体系，任何为你工作的体系只要是使用顺手方便，就是"正确的体系"。

期货重要性是什么

期货风险大，做实业风险更大，做实业也要了解虚拟经济。期货的重要性：①套期保值起着"平衡杆"作用。从宏观视角来看，套期保值发挥的是"平衡杆"作用。企业进行套保正如运动员手中握着平衡杆，实体产业的风险通过期货市场价格波动，通过套期保值功能得以化解。②价格发现。起到"弹簧"作用，期货市场价格发现是套期保值功能充分发挥后衍生出的第二大功能。事实上，价格发现发挥的是"弹簧"作用，即当现货价格涨势过快时，期货市场形成一个回调的压力；当现货价格过低时，期货市场又对其形成一个向上的推力。

基本面为什么比价格变化意义小

基本面存在滞后性与伪造性，而价格通常反映一切。大部分时间内，用基本面判断总是判断不清楚，模棱两可，总是亏损。

平时关注的品种不要太多

上海：钢、橡胶、黄金，郑州：棉花、白糖，大连：豆油、棕榈油。

有个别交易商 20 年只关注一个铜品种，总之，根据自己的性格，以上是波动比较大的品种。总之，需要品种简单化。

世界最早的期货交易所成立在哪一年

1848 年，戊申年，水长生于申，水为坎卦为投机，在美国芝加哥成立。

1990 年，中国上海期货市场成立，丙午年，午子冲，子为坎水，为投机。

仓守不住的原因是什么

有了利润了，随便丢掉头寸；不看趋势；想作差价；看不出趋势。

在期货这条路上，一般多少年就结束

3～5 年，更稳健一点的有可能 10 年。九成以上的期货散户，由于试错成本太高，在坚持了两三年就亏光本金放弃离场。还有一小部分散户，由于入场时机好，或因资金雄厚，试错成本比较高，在市场上苟延残喘了三五年也就能做到小赚。只有非常小的一部分散户在进入市场之前就明白自己来市场的目的，也对市场有一套清晰的认知，用正确的交易理念去面对市场。

期货品种性格（哪些期货品种适合自己）

你的性格和期货品种性格合拍才好，你先交易一阵儿，看哪个品种账单赚，那就性格就适合你。每个人的性格是不同的，适合做什么品种也是不一样的，所以不能下定论。

白糖：日内波动大，持续性强，流动性强，日内常被主动方主导行情走势。是短线资金密集参与，日内交易操作品种，参考其1分钟走势图表。要求：对短线技巧把握程度较好，适合外向、激进型投资者。操作要求执行力强、自律性高、盘感优秀。适合大资金运作。

棉花：日内波动小，持续性一般，流动性较差，突发行情多，是中长线操作品种。参考30分钟、60分钟图表，适宜小资金参与。要求：对趋势把握较好，适合内向、稳健、厌恶短期巨幅波动风险投资者。

PTA：日内波动幅度大，持续性强，行情突发性强，运行节奏速度快，是日内操作品种，适合日内交易投资者。参考其1分钟、3分钟、5分钟走势图表。要求：性格外向，处事果断，反应灵敏，善于捕捉机会。小资金日内选择。

期货中有很多品种，可以根据自己的性格来选择品种，也可以根据性格来选择做长线还是短线。

另外，也没有能不能做，只有愿不愿意做，只要想做就可以，而且在这里也有可能会改变自己的性格，这是一个两全其美的办法。

期货与期权的量比为多少

1∶1。期货市场目前共有160家营业部。期权创造奇迹比期货多，用100万元开始做期权，有人2个月做到1.3亿元。

金融期权分几类

股指类、个股类、利率类、外汇类。

商品期权又分几类

传统农产品、能源化工、金属、贵金属。

期权和权证从交易的角度区别是什么

权证，只做两件事，买看涨和买看跌。期权，做四件事，买看涨和买看跌，同时卖看涨和卖看跌。

哪三类投资者构成期货市场

投机、套利、套保。期货市场的投资者根据其参与的目的可分为三大类：套期保值者、套利者和投机者也称期货投资者。

套期保值者是指通过在期货市场上买卖与现货价值相当但交易方向相反的期货合约，以规避现货价格波动风险的机构和个人。

套利者则是利用不同市场或不同合约间的价格不合理关系，通过同时买进卖出以赚取价差收益的机构或个人。

投机者或投资者是指那些专门在期货市场上买卖股指期货合约，即看涨时买进、看跌时卖出以获利的机构或个人。

哪几类投资者组成期权市场

个人投资者、专业机构投资者和普通机构投资者。

专业机构投资者：包括商业银行、期权经营机构、保险公司、信托公司、基金管理公司、财务公司、合格境外机构投资者等专业机构及其分支机构，以及证券投资基金、社保基金、养老基金、企业年金、信托计划、资产管理计划、银行及保险理财产品以及由专业机构担任管理人的其他基金或者委托投资资产等。

普通机构投资者：是指除专业机构投资者以外的机构投资者。

缺口（GAP）有哪几种

共四种。分别是普通或区域缺口、突破缺口、巩固或出逃缺口、持续性缺口。①"普通缺口"并无特别的分析意义，一般在几个交易日内便会完全填补，它只能帮助我们辨认清楚某种型态的形成。②"突破缺口"的分析意义较大，经常在重要的转向型态（如头肩式）的突破时出现，此种缺口可协助我们辨认突破信号的真伪。如果价格以一个很大的缺口跳离形态，可见这突破十分强而有力，很少有错误发生。③另外，突破缺口的出现，未来的波动会较没有突破缺口的波动为强。换言之，一个型态伴随着突破缺口的突破后，随后的上升（或下跌）会更快更多，往往较量度的"最少升/跌幅"为大。因此，两种不同股票同时出现突破时，我们应该选择买入有"突破缺口"出现的一只，而不是升幅较小的那一只。④"持续性缺口"的技术性分析意义最大，只要我们能够将之辨认出来，便可以从这缺口推测未来价格进一步的变化。

期货不适合哪些人干

性格偏执、毛躁、贪婪的人。

不同品种，一年有几次大的机会，而小机会更是无数，必须学会放弃。

PMI 全称是什么

采购指数。采购意愿强弱是领先的经济指数，这个指标超过 50% 就是强，低于 50% 就是弱。

什么是波罗的海指数

国际海运情况的权威指数，反映国际贸易情况的领先指标。

我国期货业的趋势终究是什么

走向财富管理市场，故团队的力量是无穷无尽的。期货市场的规模不断扩大是必然趋势。随着我国经济发展，企业越来越多地需要通过期货市场来规避风险，实现保值增值。投资者也越来越多地参与到期货市场中来，更加推动了市场的发展。

持仓量代表什么

代表沉淀在一个品种内的资金厚度，也反映着一个品种流动性。有两个重要的指标成分，是存量资金和资金流入。当两者均达到一定程度，量价活跃，就是一个新品种可以介入的时机。

存量资金代表什么

存量资金代表市场有多少资金认可这个品种。存量资金从字面意思来看就是账户里未使用的资金。"存量资金"通常是在证券市场的一个名词，指的是根据市场成交量来判断的证券市场上的资金，与之相对的一个名词就是"场外资金"。存量资金包含场外资金，存量资金对市场走势起着非常重要的作用。

资金流入代表什么

资金流入代表有多少新资金进入这个市场。资金流入指在特定时间段内投资股票或股票市场中的资金净量增加，即投资者购买该股票或加仓操作所带来的资金量超过了卖出该股票或减仓所带来的资金量。这通常意味着投资者对该市场或股票持乐观态度，认为其前景良好并且可能会带来更高的收益。此外，资金流入还可能导致价格上涨，因为购买力的增加使得该市场或股票的供需关系发生变化。

工业品处于漫长熊市的一个有力依据是什么

互联网金融热门。它对银行体系的冲击可能导致银行实体空心化，这也成为了工业品处于漫长熊市的一个有力证据。

期权推出会对期货市场产生怎样的影响

会引发多重效应。期权门槛非常低，会带来更多新的投机者。

大量中小投机者介入，使期权价格偏离真实价值，从而干扰到期货，短期波动加大。由于期权的交易相对专业，大型机构介入早，可以利用期权自身的套利，期货自身的套利。期权、期货的套利获利的风险相对小，稳定性高的收益。

对未来趋势的判定

建议更多关注欧洲美国的经济指标，因为历史总是惊人地相似。

如何介入股指期货

确认未来一定是上涨过程，大方向一定是上涨的，要人气调动起来，价格要比较稳定地上涨一段时间，在中途杀入。

记住，不在下跌过程中被动地进行战略建仓，一定是走出了行情后再介入。

股指期货最应关心的主要矛盾是什么

关注资金面曲线，就是资金面是松还是紧，看成交量。另外，技术是主要矛盾，心态也很重要，两者是相辅相成的。

给理财者投钱多少为宜

不要超过闲置资金的三分之一。

收盘价与开盘价有何不一样

开盘价是通过双方撮合形成的，收盘价是市场双方竞争的结果，是多空双方达到平衡的一个价位。市场打破这种平衡会显示出一定的方向性。关注今日市场在昨天收盘价附近的表现。当突破昨天收盘价所达到的平衡时，市场上两点很重要：昨日高点，一年中高点是很重要的市场价。

期货市场最大的魅力是

无息的杠杆交易，放大盈利和亏损，加速成长和死亡。

价值投资的鼻祖是谁

本杰明·格雷厄姆。他认为，从本质上讲，价格波动只有一个意义，价格下跌后，提供给投资者购买的机会；当价格大幅上升时提供售出的机会。

价值投资本质而言是什么投资

是趋势投资。投资的实际本质便是获取利益，不论是债券，存款，投资，股票，基金或是保险等皆是属于可以投资的项目，本质上都可以为投资者获得利益。

价值投资为什么本质是趋势投资

价值投资的两个关键：安全边际与成长。所谓安全边际，无外乎认为价格低于我们认可的价值，这是一种趋势；成长，是基于价格最终会反映其价值，是指成长的翅膀下价格超过价值，这是一种趋势判断。

对冲的基本含义是什么

有人说对冲就是买入一种资产同时卖出另一种资产，此种说法仅仅是解释了对冲的交易方式，对冲的真正意义在于消除或降低不确定因素。

乔纳森·霍尼格谈高效交易的7个习惯

严守纪律；守时；按百分比和概率进行思考；对回报要求不高；怀疑论者；生活在市场外；注重资金管理。

一句话阐述基本面与技术面

基本面＝你对基本面的看法；技术面＝市场对基本面的看法。

什么是聪明的投资者

就是把股票卖给乐观主义者，又从悲观主义者手中买进股票。

斐波那契数列又称什么

又称黄金分割数列，指的是这样一个数列：

1，1，2，3，5，8，13，21，34，55，89，144，233，377，610，987，1597，2584，4181，6765，10946，17711，28657，46368。第零项是0，第1项是第一个1，这个数列从第二项开始，每一项都等于前两项之和。

人民币汇率的年干支变化

1. 1948年12月（戊子），人民币发行。

2. 1950年1月（己丑），人民币汇率定在2.46。

3. 1950—1978年，汇率很低。

4. 1978年12月（癸酉年），汇率很低，黑市泛滥。

5. 1994年1月（癸酉年），汇率8.7。

6. 1997年12月—2005年1月（丁丑，戊寅，寅辰，辛巳，壬午，甲戌，乙酉），汇率8.28。

7. 2001年12月，辛巳，加入WTO，改革外汇体制。

8. 2005年乙酉，实行浮动汇率。

9. 2007年5月丁亥，汇率波幅从±0.3%扩至±0.5%。

10. 2008年7月戊子，汇率稳定6.83。

11. 2010年6月庚寅，重回6.80。

12. 2012年4月壬辰，汇率波动区间扩大±1.0%。

13. 2014年2月甲午，人民币贬值，3月波动区间扩大±2.0%。

人们把通胀看作是价格的上涨对吗

不对，其实质是货币价值的下降。

期货交易精彩的两点是什么

行情一定会在某个时间、某个品种上，成全某些人。
期货最终带给人们的不是金钱，而是彻悟，归真。

期指魔咒是什么

2013年2月8日，癸巳年甲寅月乙巳日（巳巳甲），期指总持仓13.2万手。股指同步见顶后下挫300点。

2013年5月28日，癸巳年丁巳月甲午日（巳巳甲），总持仓再破13万手，后大盘暴跌。

2013年12月12日，癸巳年甲子月壬子日（甲巳子），总持仓13万手，大盘跌10%。

2014年4月8日，甲午年戊辰月己酉日（甲辰酉），总持仓超过13万手，股指下跌。

2014年5月19日，甲午年乙巳月庚寅日（甲巳寅），总持仓超13万手至15万手，股指下跌。

以上都是甲。

在重要财务报表公布之前如何对待股票

不重仓一只股票，因为这是赌博。另外：①公布年报的时候，投资者可以根据过去季报分析年报的是否盈利，一般来说，每个季度的季报都是盈利的，那么年报盈利的概率大，因此可能被资金提前炒作，等到财报披露的时候资金就借机出货。②同理，如果每个季度的季报都是亏损的，那么很难在四季度扭亏为盈，因此股价可能在财报披露的时候下跌，等到财报公布的时候可能会继续下跌。③一般来说，上市公司满足上交所和深交所业绩披露的条件，可以不用公布财报，所以不披露财报的公司股价可能会维持此前状况。

交易工作室是如何布局的

工作室宗旨——打造交易者的精神家园和成功基地。

目标市场——期货市场，股票市场。

团队建设——构建"小而精"的高效操盘团队。

交易风格——纯技术短线交易，兼容其他风格。

交易风格——纯技术的日内短线交易；交易时只看分时图，不参考任何技术指标。

交易频率——一般做波段和中长线；也有团队做商品期货每天 10 ~ 50 回合不等（程序化交易）、股指期货每天 30 ~ 250 回合不等（程序化交易），持仓时间平均 5 分钟左右。

技术核心——趋势、形态、成交量；追求把日内短线做到极限，权益持续稳定增长。

技术普适性——属于原理性的技术，简单、独特、可复制性强。适用于长线、中线、短线交易。适用于股票、期权、外汇、外盘期货交易。

后 记

在股市中，若有好心态，会运用直觉思维，加上过硬的技术，财富就会属于您。

智慧可以创造财富，智慧分大智慧和小智慧，即世间智慧和出世智慧，市场的秘诀是直指心性，炒到最后完全是一种感觉了。感觉是直觉思维，属于出世智慧，是直指心性，比如你叫我的名字："×××"，"哎"，我直接应了，如果再考虑考虑，想想他叫我干什么呢？这就不是直觉思维了，中西方的区别就是这儿，西方用各类指标，没有突破这一点，如没有前面的K线就无法去推下一步。走一步看一步，考虑来考虑去，最后考虑不对劲，就卖了，结果一轮大势就和您无缘了。有人把这总结为心态问题，其实这就是关于东方古先贤们所讲的人开不开悟，是不是有超常的大智慧的问题。

练就直觉思维，不用过多的考虑，思维使您一下就能得出结果，比如某地区2011年3月11~15日"地震"，某指数从10800多点一下跌至8227点。尤其是3月15日一天下跌14%，当跌到10%时，有个朋友认为此地股市是不是要崩溃了？问我能跌到哪儿，我说14为特殊数码（一个星期七天），应该要有支撑，果然，当天下跌到14%就止跌了。

后 记

2024年1月电视剧《繁花》就是一部投资教育片，剧中不幸的三个人，他们用高杠杆交易，要么借钱炒股，要么配资炒股，就连宝总也是逃不过高杠杆爆仓强行割肉的结局。还有许多炒股高手，赚了大钱，不休息，不知趋吉避凶，不知道福无双降，祸不单行的古哲理，把赚到的钱又吐回去，有的不幸还跳楼。就是不听劝，过度追求财富则属害命，整天后悔，导致精神抑郁。

炒股也有不二法门，功课做得不够，悟性不够，踏不准节奏，该捂时捂不住，该出手时不出手。过分依赖KDJ、RSI、MACD、BOLL、背离、封单量、周月季线、形态、波段等等，这些不确定性较大且滞后，往往指标发生后，如渴而掘井，斗而铸锥，为之晚矣。要不怎么说基金经理们也都成了大散户，就是这个道理。

如果技术指标在摆布你，是指标转你，不是你转指标，而中国文化是反观自我，内视自心。就如慧能讲的：一切福田，不离方寸，从心中求，感无不通！智慧的开启，是贪心等欲望的戒除，是平常心的坚持，要有自身的修养，不是靠他人之手摆布，这样才能大彻大悟，感应道交市场，与市场趋势相应。

如果10年前告诉你贵州茅台投资3个亿将来能涨到30亿，你信吗？但这的确是事实，你预测个好标的物，长期持有，就发财了。

炒股就是一种修行，是人的自我完善和修炼，如果你还有分别，认为两者是不同的，各是各，那就是"不识庐山真面目，只缘身在此山中"了。

有人觉得为什么该我得的财我就是得不到？如有个股友在中信证券4.5元时买的，涨到110多元没卖，后来又做了电梯回来了，曾经纸上福贵过，为什么我老是坐电梯，坐过山车？这就要智慧，智慧改变命运，总结出结果来了，你可以提前准备。有的人掌握了很多知识，但没有智慧，还是赚不了大钱的，关键是看你的心性，有时没钱还没灾，一有钱，高傲得不可一世，那灾就来了，这样的例子有很多。提升个人心态最重要，有求，是从心中求，感无不通，是心性的问题，求要有方法，否则天天胡思乱想也没用，你的发心是什么？炒股赚了能济贫吗？还是你终日享乐，糟蹋自己身心？舍得，先舍后得，让你舍点，那个难啊！这只能证明你没思想，不知大道，不知道培植福报。比如抽烟，抽烟也要分人呐，他人抽没事，有人就不行，若早知抽得肺癌，也不愿信呀。一旦觉悟了，有智慧了，你就改了，结果命运就会改变了。现在很多人只是追求财色名利，他不知道人生的生命曲线有高有低，有盛有衰，盛时天也欺，欺负老天爷，不可一世！衰时不知是何原因，万事万物由盛到衰，品种不同，有的相对长些，有的昙花一现。但不管如何，不能证悟，对内不了解自己，对外不了解大势，懵懵懂懂，枉此一生。

止心能生智慧，《大学》中有这样的话："知止而后有定，定而后能静，静而后能安，安而后能虑，虑而后能得。"道家讲无为而无不为。烦恼、痛苦如雁影过寒潭，不留一丝在心中。如水上作画，现画现消，一切都是心态、是打开智慧征服自心。止心、静心其实就是真心、空心。比方这桌子，有人说桌子的本性是木头。木头是什么，我们来分析分析：一颗种子，在阳光、水、土壤等作用下成了大树，树木做成桌子，所以桌子的本质是空性，是缘和之物。有一个中央台的广告：做大事，要有缘！其实做任何事，都要有缘，空性产生妙有，比如房子空了才能放家具，房子家具本性为空，市场出利空后才能孕育着上涨。市场本性还是空，但假象不空，所以我们洞察市场，要统考天时、地利、人和。外在、内部等等所有元素都要了解。既要知道它的本性，又不忽视它的表相。不可拘泥，不可偏执。该入场入场，该出场出场，和趋势为伍。一意孤行，不知变通，以至于损失无法挽回，有人认为自己看了几本书，指标烂熟于心，但还是在亏钱，或最终血本无归，这说明他还有盲点，比如是不是缺乏纪律性？性格弱点没克服、心态不好等等，若我们的思想是靠世智辩聪，一些小聪明，学得越多反而越成了知识障，更有害。功夫在市外、在大盘外。市场证明你错了，你不改就不行，人不觉悟不行，觉悟才能生大智慧。

通过本书的学习，您一定能从了解到精通！